U0517754

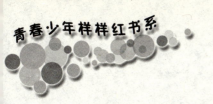

青春少年样样红书系

实践人生，成就未来；
实践学习，猎取知识；
实践理想，放飞梦想；
实践生活，培养习惯；
实践人际，赢得人心；
实践孝心，传承孝道。
……

实践

让自己可持续发展

张军生◎编著

华艺出版社
HUA YI PUBLISHING HOUSE

图书在版编目（CIP）数据

实 践：让自己可持续发展 / 张军生 编著. – 北京：华艺出
版社，2015.5 重印

ISBN 978-7-80252-042-4

Ⅰ.实…　　Ⅱ.张…　　　Ⅲ.社会实践 – 青少年读物
Ⅳ.C915 – 49

中国版本图书馆 CIP 数据核字（2008）第 130605 号

实 践

作　　者：张军生

责任编辑：梅　雨

装帧设计：张文艺

出版发行：华艺出版社

社　　址：北京北四环中路 229 号海泰大厦 10 层

邮　　编：100083　　　　电话：82885151

印　　刷：北京柯蓝博泰印务有限公司

开　　本：640×960　　　　1/16

字　　数：210 千字

印　　张：16.5

版　　次：2015 年 5 月第 2 版　　2015 年 5 月第 1 次印刷

书　　号：ISBN-978-7-80252-042-4

定　　价：28.90元

华艺版图书，版权所有，侵权必究。

华艺版图书，印装错误可随时退换。

前 言

实践出真知，实践是检验真理的唯一标准，人只有在不断的实践中才能获得成功。

中学时代，花一样的季节，是一个长身体、长知识的黄金时期。面对日益激烈的社会竞争，中学生们只有掌握丰富的知识和具备各种各样的能力，日后才能在社会上闯出一片属于自己的天空。也许，在每个中学生心中，他们曾不止一遍地对自己说：我一定要成功。热血沸腾的中学生们，他们都渴望在以后的生活中有所作为，干出一番事业，为国家做出自己的贡献。然而，有所作为不是一件容易的事，要想实现自己的梦想，就必须要为自己的梦想付出一定的行动，实践自己的梦想。只有实践，才能让自己可持续发展！

中学时代是人生最美好的黄金时代，许多中学生渴望友谊、珍视友谊，并结成相互帮助、共同进步的知心朋友。结识新的朋友给广大的中学生带来了很多的幸福和欢乐，但是也给他们带来了无穷的苦恼与悲伤；交往促进了中学生之间友谊的加深，但是，在和朋友相处时，稍不留意就会和朋友之间发生冲突和矛盾，遇到这种问题时，很多中学生都会不知所措，不知如何才能解决这个问题。在

当今社会的要求下，人际交往能力已成为当代中学生完成学业、人格发展的一个重要课题。掌握与人交往的原则和技巧，是中学生走向社会，并适应社会发展，促进成功的法宝之一。

中学生正处在身体生长发育的"第二个高峰期"，少年男女的身体和心理都发生了巨大的变化，他们普遍都有强烈的好奇心和不安感，加上社会对性的开放，处在朦胧期的中学生会对异性产生异样的感觉。有时候会因为一件小事而做出伤害他人和自己的事。所以中学生有必要了解自身的变化规律，正确地与异性相处，以便让自己健康、快乐地度过这人生的关键阶段。青春期是人一生中最美好、最宝贵的时期，也是心理发展最重要、最关键的时期。但由于苛刻的学习要求，过重的学业负担，和现在中学生所处的特殊位置，青春期已是不良心理产生的高峰期，不健康的心理严重摧残着正处在心理机能迅速发育时期的中学生们，如果不能正确面对，及时地解决，势必会对以后的发展造成不好的影响。花样年华，花样梦想，花样认识，花样求索，21世纪不仅仅要求一个人拥有高深的知识，重要的还要有一颗健全的心，能与他人保持良好的交往，正确地认识自己，使自己的思想、信念、目标和行动跟上时代发展的步伐，与社会的进步与发展协调一致。

《实践——让自己可持续发展》这样一本针对性强的书，可以帮助中学生对生活进行深刻思考，发现自身的优点和不足，帮中学生看清人生的方向，向人生发出挑战，掌握自己的命运，实践自己的理想，做自己真正的主人。

在此祝所有的中学生都能健康快乐的成长，并成为祖国未来的栋梁，实现祖国和个人人生的可持续发展。

实践
让自己可持续发展

第一章　做自己的好主人
——实践，人生发展的指南针

人生在实践中绽放，我的"地盘"，我做主！

人生，在不间断的实践中延伸……

学校里，青少年勤啃书本上的知识，死记硬背，可是这些终究只是书上的，是纯理论的，显然，这些并不属于青少年。"纸上得来终觉浅，绝知此事要躬行。"只有通过实践，青少年才能将别人的、书本上的知识转化成自己的。

只有不断实践，才能不断充实，不断进步。即使有再大的困难和挫折，我们也同样能笑着坦然面对。

1. 敢于实践人生的勇气　　/ 003

2. 从细节中感悟生活　　/ 007

3. 凡事三思而后行　　/ 011

4. 正确地认识自我　　/ 015

5. 学会独立思考　　/ 019

6. 在生活中懂得自尊自爱　　/ 023

7. 明确自己的人生目标　　/ 027

第二章 做知识的引导师

——学习，掌握知识的加速器

学无止境，实践才能出真知！

在科技飞速发展的当今社会，如果想使自己有立足之地，获得成功，掌握知识是最好也是唯一的途径。

对于中学生来说，正是学习知识的大好时光，如何不虚度这有限的时间，学到更多的知识，为自己的将来打下坚实的基础，是所有中学生都必须直面的问题。掌握正确的学习方法，提高自己的学习能力是当务之急！

1. 养成边学习边实践的习惯　　/ 033

2. 有计划，学习目的才明确　　/ 037

3. 掌握正确的学习方法　　/ 041

4. 专心致志，学习的法宝　　/ 045

5. 要会"学以致用"　　/ 049

6. 多阅读，大有益　　/ 052

7. 学习切忌偏科　　/ 056

8. 学会在学习中发现快乐　　/ 060

实践
让自己可持续发展

第三章 做理想的实践者

——行动，放飞梦想的原动力

理想实践，梦想从这里起飞！

成大事者皆有志，成大事者亦具恒，成大事者更具有坚定不渝的行动。

能使青少年为之奋斗的是理想，而实现理想所必需的是行动。一位寓言家说得好："理想是彼岸，现实是此岸，中间隔着湍急的河流，行动就是架在两岸的桥梁。"青少年所需要的正是一份坚持不渝的理想信念，这种信念下的坚定的行动，才能使我们一步步接近于心中理想的殿堂。

1. 养成边干边实践的习惯　 / 067

2. 空想是成长中最大的敌人　 / 071

3. 理想+行动=成功　 / 075

4. 说到不如做到——立即行动　 / 079

5. 为自己确立一个合适的目标　 / 083

6. 永不放弃自己的追求　 / 087

7. 坚持到底就是胜利　 / 091

第四章 做玩乐的智慧者

——玩乐，丰富生活的营养剂

玩转生活，玩出智慧和头脑！

青少年时代，是一个充满朝气、爱玩的年代，唱歌、跳舞、篮球、足球……是中学时代的美好见证。经过一场场激烈的竞赛后，会发现自己已成长，唱歌，找到了自信；跳舞，舞出了青春和活力；玩球，懂得了团结和合作；选秀，发现挑战自我并不难。

活泼的他们，在紧张的学习氛围中，仍不忘玩乐，这是每个人的天性。可是，玩要玩出智慧，玩出头脑，玩出自我。

1. 边玩边学习，边乐边实践　　/ 097

2. 唱歌，唱出自信和青春　　/ 102

3. 跳舞，跳出活力和创新　　/ 106

4. 旅游，扩大自己的世面　　/ 110

5. 玩球，需要团结合作精神　　/ 114

6. 上网，需要清醒的大脑　　/ 118

7. 选秀，敢于挑战自我　　/ 122

实践
让自己可持续发展

第五章　做人生的掌舵者

——成长，演绎人生的投影机

青少年，一路走来，受益匪浅，精彩无限！

青少年是国家的希望，民族的未来，他们的基本素质直接关系到中华民族的整体素质，关系到国家和民族的命运。

成长的过程，也正是身心发展的关键时期，单纯的学校教育已不能满足时代的发展需求，青少年还必须接受课外的一些知识来丰富自己的头脑，充实自己的生活。只有这样，才能挑起建设国家的重任，征服世界，征服未来，才能实现自己的人生价值和理想。

1. 诚信——人生的通行证　/ 129

2. 谦虚——灵魂的净化器　/ 133

3. 积极——乐观的好心态　/ 137

4. 目标——人生的导航灯　/ 141

5. 思考——智慧撞击行动　/ 145

6. 责任——卓越的原动力　/ 149

7. 沟通——心与心的桥梁　/ 153

8. 独立——青春成长宣言　/ 157

目　录

第六章 做爱好的启蒙师

——兴趣，奏响生活的新乐章

> **兴趣是老师，高高兴兴学来的东西永不会忘。**
>
> 青少年，对这个繁华多彩的世界，充满了好奇，他们就动手动脑开始忙于自己的爱好，爱好即获得知识的第一步，在乐趣中寻找知识和智慧，其乐无穷。
>
> 日本教育家木村久一说："天才，就是强烈的兴趣和顽强的入迷。"
>
> 爱因斯坦说："兴趣是最好的老师。"
>
> 兴趣，青少年成长的启蒙师。

1. 集邮，扩充知识的乐趣　／163

2. 运动，健康快乐的源泉　／168

3. 观察，获取知识的开始　／172

4. 音乐，打造优雅生活　／176

5. 演讲，锻炼你的随机应变能力　／180

实践

让自己可持续发展

第七章 做爱问的知识人

——问号，打造生活的催化剂

碰到难题，遇上问题，打破沙锅要问到底！

《论语·为政》："知之为知之，不知为不知，是知也。"这对于充满疑问的青少年来说，养成不耻下问的习惯，是很重要的。

俗话说得好：生活处处皆学问。经常多问个为什么，是吸取知识的捷径。孔子曰：三人行必有我师。在生活上、学习上，敢于提问，爱提问，才有新的突破。

1. 敢于提问，才有新的突破　　/ 187

2. 记住：三人行必有我师　　/ 191

3. 要有不耻下问的态度　　/ 195

4. 爱问，生活处处皆学问　　/ 199

5. 爱问，有助于成长　　/ 203

6. 问要问到点子上　　/ 207

第八章 做人际的指引者
——人脉，走向成功的助推器

实践人际，赢得人心，拥有好人缘！

一个人的成功，15%取决于他的专业知识，85%则取决于他的社交能力。可以不夸张地说，恰到好处，恰如其分的人际交往，可以使自己在群体中得到他人的喜欢、尊重，让他人愿意接近您、帮助您，助您成功。

随着年龄的增长，中学生与父母相处的时间逐渐减少，与朋友相处的时间愈来愈多，掌握与人交往的技艺特别重要。中学生要乐于与人交往，学会与人交往，并要树立正确的友谊观。

1. 人际交往的基本原则——信任 / 213

2. 架起友谊的桥梁——沟通 / 217

3. 让积极的倾听发挥作用 / 221

4. 破坏人际关系的魔鬼——虚伪 / 225

5. 人际交往的润滑剂——赞美 / 229

6. 换位思考让你人际关系更上一层楼 / 233

7. 打破人际关系的僵局——幽默 / 237

8. 尊重他人，才能得到尊重 / 241

9. 宽容，让你更有魅力 / 245

实践

让自己可持续发展

第一章　做自己的好主人
——实践，人生发展的指南针

人生在实践中绽放，我的"地盘"，我做主！

人生，在不间断的实践中延伸……

学校里，青少年勤啃书本上的知识，死记硬背，可是这些终究只是书上的，是纯理论的，显然，这些并不属于青少年。"纸上得来终觉浅，绝知此事要躬行。"只有通过实践，青少年才能将别人的、书本上的知识转化成自己的。

只有不断实践，才能不断充实，不断进步。即使有再大的困难和挫折，我们也同样能笑着坦然面对。

1.敢于实践人生的勇气

> 如果你不敢去跑，就不可能赢得竞赛；如果你不敢去战斗，就不可能赢得胜利。
>
> —— 瑞查德·M·德沃斯

在这个世界上，一颗星陨落，暗淡不了星空；一朵花凋零，荒芜不了春天。可是，正是因为有了一颗颗的小星星，才有了满天的繁星；正是因为有了一朵朵的花，才有了春天的缤纷。你是世界上独一无二的那颗星，独一无二的那朵花。所以，当你在面对人生的时候，要尽力度过每一天，要有敢于实践人生的勇气，要做生活中的强者。

什么是勇气呢？第一个吃螃蟹是一种勇气；神农氏尝百草是一种勇气；敢于承担责任是一种勇气；主动选择放弃是一种勇气……在生活中，处处都需要勇气，主动到讲台上演讲是一种勇气，主动参加运动比赛是一种勇气，主动与红过脸的同学和解也是一种勇气……有了勇气，生活中的坎坎坷坷就不再是不可逾越的障碍，人生的天空就会阳光灿烂，生机盎然。

勇气，生命之灯

生活，就像一个万花筒，丰富多彩。在生活中，有成功，更有失败；有胜利，更有挫折。勇气是什么呢？在成功面前，你要

实践，人生发展的指南针

有微笑谦虚的勇气；在失败面前，你要有总结经验的勇气；在胜利面前，你要有不骄不傲的勇气；在挫折面前，你要有不怕困难的勇气。

"狭路相逢勇者胜"。无论做任何事都需要十足的勇气，没有勇气就克服不了困难，没有勇气就改正不了错误，没有勇气就取得不了成功。青少年在成长的过程中，勇气对于自身的成长是至关重要的。

还记得赫赫有名的海伦·凯勒吗？她的生活不正是因为有了敢于面对生活的勇气，才显得更加的丰富多彩吗？她不到一岁就看不见花朵盛开时的美丽，听不到清晨鸟儿的歌唱了！然而，她不因"水深三千尺"而不过"桃花潭"，不因命运的残酷而自暴自弃。她坚信：乌云始终遮不住太阳。于是，在敢于实践人生的勇气下，她于逆流而敢心扉而拼搏，于黑夜燃心火而进取，于惊涛之中吞日月而长存……

她让梦想随着自信而飞，她让梦想借助勇气而飞得更高。骄阳，晒不枯她飞腾的翅膀；暴雨，淋不湿她对生活的憧憬；狂风，折不断她那搏击的翅膀……在一次又一次的飞翔过程中，她终于让自己"山重水复疑无路，柳暗花明又一村"。在经过了九九八十一难之后，她终于使心中的信念在辛勤的耕耘、浇灌和风雨摧残下开成满地的花朵，洞穿了与梦想的距离，叩响了信念之门，让梦想的白云漂成了帆。她奏响了生命琴弦上最动人的歌曲，闯出了属于自己的一片晴空，描绘出了人间最美的风景……

那种面对生活不甘心低头的勇气，那种敢于实践自己人生的勇气，那种面对困难挫折勇往直前的勇气，到现在还深植在每个人的心中。亲爱的青少年朋友，美丽的浪花在岩石的撞击下绽放，人生价值在拼搏中体现。最后，美丽的彩虹就会出现在你人生的天空中。

不仅仅是只有在生命受到重创的时候需要勇气的力量，日常生

活小事中也处处蕴含着勇气。坦白地承认自己的错误，这是需要勇气的；向师长提出不同的意见，这是需要勇气的；走上讲台毛遂自荐，这是需要勇气的；甚至独自走一段黑路，独自完成老师交给的任务……这些都是需要勇气的。

你知道吗？真正的勇气是一种精神的力量，人格的力量，智慧的力量。拥有了这种力量，你就能独自越过困难堆成的高山；拥有了这种力量，你就能克服生活的磨难；拥有了这种力量，你就能成为命运的主宰，始终扬起胜利的风帆。

实践，人生之本

在生活中，勇气固然重要，可是；你纵有那么多的勇气，如果只是在心里面想想而已，那最多也只是自己幻想一下。勇气的实现是要靠实践来完成的。实践二字，是人生中最实在的词。不管你多么的有才，不管你多么的优秀，不管你心里有多少想法，没有实践，一切都是零。在人生的道路上，需要你拥有：敢于实践人生的勇气！

青少年时期，正是人生观和价值观形成的重要时期，所以，青少年最应该做好人生的规划，做好自己人生的设计师，然后，脚踏实地地去实践，让你的一生都过得成功、幸福且有意义。

人的一生，其实就是一个不断地去创造、去实践、去奋斗、去争取的过程，其中最关键的是要有勇气，要敢于行动。不断地挑战自我、超越自我，在实践的过程中，体现自己人生的价值。

你是否有过这样的经历？你准备了一夜的演讲稿，却因为第二天没有得以在讲台上表演而私下后悔；你对一个问题有独到的见解，却因为没有主动回答老师的提问而念念不忘；你在路边看到一个需要帮助的人，却因为有事匆匆而过而心怀愧疚……

光说不做非大智慧。只有把所有的勇气，都付之于实践，你才

实践，人生发展的指南针

会感觉到那种实践后的快乐。但是，也并是每一次实践都是那么的完美，你也许会遇到各种困难，在你努力之后也许没有成功。这时，你不要气馁，更不要怕实践。爱迪生说：天才是1%的智慧加99%的汗水。

人生的道路从来就不是一帆风顺的，它就像一条山路，有弯有直，有高有低，还会有坑坑洼洼的地方，偶尔也会摔一跤，但是这一跤是你走完这条路的"必需品"。这个时候，你只有再爬起来，振作起来，努力走完这条路，才可能到达成功的终点。有句歌词不是这样说吗：不经历风雨，怎么见彩虹？没有人随随便便成功。

做一个生活中的强者，做一个拥有勇气的强者，做一个敢于实践人生的强者，将这些观念深植你心，相信你一定会收获一个灿烂的明天！

2.从细节中感悟生活

> 天下难事，必做于易；天下大事，必做于细。
>
> —— 老子

生命中总有一些细节让我们感动。它们虽只是记忆的碎片，但每当想起我都会从中汲取到几许温暖、勇气。有人说，生活如酒，有甜有辣，丰富而多彩；有人说，生活如茶，有苦涩有清香，淡泊而隽永；有人说，生活如水，有深深浅浅、清清浊浊，平凡但真实。生活中的美，很多来自一些不起眼的细节，但人们往往对它们感到麻木或者漠视，但如果你能细心感受，就能体会到那些平凡的细节给你带来的感动……

细节是生活中最柔软、最鲜活、最感性的一部分，没有了细节，一个人的生命就成了坚硬的岩石，荒凉的大漠。生活丰富绚烂的那一面，永远在那些会盛开细节之花也善于用心捕捉细节之人那里，温情脉脉地缠绵着。

温情，就在你身边

细节是一种创造，细节是一种功力，细节表现修养，细节体现艺术，细节隐藏机会，细节凝结效率，细节产生效益，细节是一种征兆……其实，在生活中，只要你用心去发现，用心去感受，在细

实践，人生发展的指南针

节中处处都体现着温情，温情处处在你身边萦绕。

还记得你在深夜温习功课的情景吗？在你身边，有个人为你披了一件衣服，为你端了一碗夜宵，提醒你要注意休息。还记得你去参加竞赛时的情景吗？在你身边，有个人一直陪着你，比你还紧张，一直在大门外企盼。还记得你背起书包离家去学校时的情景吗？有个人送你送了一程又一程，将你的衣物整理了又整理，对你生活中的事叮咛了又叮咛。还记得你和同学一起去郊游的情景吗？有个人一直在提醒你路上注意安全，一直在往你的背包里塞东西，一直嘱咐你要记得多喝水……

当你面对这些的时候，你是怎么做的呢？你的内心是否充满了烦躁，你的口中是否吐出了不满，你的眼中是否流露出了厌烦，你的脚步是否加快了速度。可是，为什么呢？这个人一直在为你付出且无怨无悔。对于父母的这些举动，你是否用心去感受了呢？从这些细微之处，你应该找到一些温情才对。

有这样一个故事：一个年轻人第一次出差。在临行前，母亲为他准备了一大包东西要他带着，他嫌重，就把母亲装进去的东西一件又一件地拿出来。当他拿出一个装着水的大塑料瓶时，执意要放在家里。他说：这么大一个塑料瓶，带在路上很不方便的。这时，母亲固执地把那个瓶子拿起来，重新塞在背包里。嘴里念叨着：这个你一定得带上，你小的时候，第一次回东北的乡下，闹起了肚子。那时候妈妈不懂，害得你闹了好长一阵子，人也瘦下去许多。后来妈妈知道你是因为水土不服才这样的，以后啊，妈就把这件事牢牢地记在了心里。以后，你再回老家，妈总是要给你在包里放瓶水的。现在也习惯了，听说又要出远门，所以就准备了这个。你一定要带上，这样就不会水土不服了……男孩儿无语，但早已泪眼婆娑。

其实，在不经意间，关怀与温情就浸润在你生活的点滴之中，藏在某一个角落，等待你的发现，只是你粗糙的心往往忽略了生活

实践
让自己可持续发展

中这些温馨的细节。古人云"人非草木，孰能无情"。细节是一粒随风而来的种子，即使落在荒废的花盆里，仍会发出灿烂的芽来。细节就是在你失意时，母亲温和地笑着塞给你的一杯热茶，苦苦的，散发着淡淡的清香。那不经意间的一笑、一塞，就是一道永远的风景。

生活，需用心感悟

生活，它不可捉摸却又无处不在，影子般地伴随着你，只有用心去感悟，才能体味到生活中的美。用心感悟生活，你才会把握一个辉煌的明天；用心感悟生活，你才会拥有一个多彩的人生！

如果你是一个喜欢收集细节的人，你的生活一定充满了惊喜与感动。因为，生活是需要用心去感受、去感悟的。这时，你的心灵常常会越过全局停留在细微之处，就像一只小鸟迅捷地飞过浩大的天宇，怡然地落在一枝开满了细碎小花的褐色枝条上。如果你常常被一些很细小的事情所感动，那些细节所产生的力量，总会在瞬间攫取你心灵深处最敏感最脆弱的神经；如果你会为迷狂中的顿悟而感动不已，如果你会为花开花谢、潮起潮落而泪流满面，那么你就是一个善于发现"美"的人。

有这样一个故事，一位老师去学生家家访，那家人很穷很穷。当老师到学生家时，透过窗户看到这样一幕：他们一家正围坐在桌子边，品尝着再普通不过的水果——柚子。母亲慢慢地仔细地剥去柚子的皮，在她把剥好的柚子一片一片递给她的孩子时，她的眼睛里闪烁着一种特殊的光芒，那是幸福的颜色！忽然间老师明白，人们平时追求的幸福原来就是这么简单，它无时无刻不在我们身边，只是我们不曾发现，原来这就是幸福。只要用心感悟，就会找到属于自己的简单的幸福。

如果你是一个喜欢细节的人，人世间该有多少宝贵的细节值得

实践，人生发展的指南针

去体味珍惜啊？曾经跌倒，才知道跌倒后轻轻的一扶，胜过万千金币；曾经忧伤，才知道忧伤时轻轻的一句安慰，胜过满纸赞许。

用心去感悟生活，用心去感受生命中的点滴，你会发现这个世界是多么的美好。不是有人说过这样一句话吗？世间本不缺少美，缺少的只是人们那双发现美的眼睛。在这个世界有多少爱是要用心才能感受到的，用心去经营时，你才会发现这种爱是多么的难得。不妨在闲暇中停驻一下脚步，给久未见面的朋友打一个问候的电话，说你还惦记着他；不妨陪爸爸妈妈看一看电视剧，谈谈自己的感恩，告诉他们你很爱他们。不妨在每一个细节中慢慢体会生命的真谛，让幸福的感觉洋溢在生活的每一个角落。

用心去感悟生活，去发现生活中的美好，让你为生命源源不断的体验而喝彩！让你为生活真真实实的细节而感动！

3.凡事三思而后行

> 不下决心培养思考习惯的人，便失去了生活中最大的乐趣。
>
> ——爱迪生

孔子曰：三思而后行。笛卡尔说，我思故我在。古今中外的先哲们都把思考作为生命的一部分，一个人若停止了思考，活着也就没有了价值。思考是生命的灵魂，一个人没有了灵魂，就等于是行尸走肉。

思考的力量是巨大的，因为思考，巧妇可为无米之炊；因为思考，天堑变通途……方法总比问题多，像学者一样思考，一切问题都会迎刃而解。

人总是在不断成长的。身体的成长，使我们的外貌显得亭亭玉立、英俊潇洒，同样，我们也需要"心灵的成长"、心智的成熟。这就是要我们遇事要冷静，做事要成熟……总结成一句话："凡事三思而后行"。

思考，让身心健康

"三思而后行"，这是一句多么简单而深刻的话呀，它是长者的建议，智者的忠告；它是悟者的提醒，迷者的机会。

实践，人生发展的指南针

　　如果你想使自己的身体焕然如新，请美化你的思想。没有一个安抚者能够像良好的祝愿和真实的幸福一样赶走悲哀与伤心的阴影，以愉快的态度对待一切，耐心地去发现生活中的真善美，这是做到三思而后行的前提。

　　据报道，我国每年约有 1.6 万名中小学生非正常死亡。每年在学校里面发生的安全事故、食物中毒、溺水、自杀等死亡事件，算起来每天都在人们身边上演，这不得不让人们去思考。面对这些事件，青少年更应该懂得凡事要三思而后行。

　　现代社会的信息化、复杂化，让青少年更早地接触到了社会上的一些东西和文化。比较常见的现象就是青少年的"早恋"和对网络的痴迷。有些青少年因"早恋"而误入歧途，有些因"网迷"而走向犯罪的道路。对于刚刚步入人生花季的少男少女，这是种可怕的生活。

　　有这样一个例子：小超是个很出色的孩子，从小成绩就十分优秀，在区和市里组织的各种知识比赛中曾经多次获奖，他一直是父母的骄傲。为了培养他的全面发展，父母为他买了一台电脑。可是，在有了电脑之后，父母亲突然发现小超越来越陌生了，虽然同在一个屋檐下，但儿子很少像以前那样与父母在茶前饭后聊天了。每天晚饭后，在电脑前一坐就是几个小时。即使最疼爱他的爷爷奶奶过来，他也只是匆匆打个招呼随即又回到书房去了。

　　当父母试图与他交流的时候，他却责怪父母多事，说自己的空间很小，希望父母给他一个自由的生存空间。眼看儿子日渐淡薄的亲情，父母担心了起来，找到心理医生。医生说，网络已经危害到小超的心理健康，使他患上了网络综合症。而且现在网络综合症在青少年身边，就像一种网络病毒一样在流传。

　　目前社会上，像小超这样的孩子还有很多。因为他们有着强烈的好奇心和探索欲望，又缺乏必要的自控能力，一旦痴迷于网络往往身不由己，欲罢不能。青少年在青春期，由于正值叛逆期，所以

对一些事情的做法，难免会有些过激的行为，这些都属于成长期的正常过程。

在这个时候，家长要找到孩子的真正需求在哪里。作为新一代的青少年，做事更要三思而后行。永远健康和幸福是每一个父母寄予孩子的美好愿望，这要求每一个青少年遇事一定要三思而后行，以一个冷静的大脑和平静的心态去处理事情。千言万语，也只能化作一句：三思而后行。

三思，使你受益终生

人们在劝人做事小心时常常说："凡事须三思而后行。"这话甚为人们点头称许，即使被劝的人执意不从，最多也不过说："我自有主张。"很有礼貌地婉拒提醒自己的人，决不会面红耳赤地争辩或怒目相视。为什么？因为这句话表面上看来颇得人心，它含有老练的经验世故和十足的小心，使人对此好意不得不颔首赞许。

可是，这对于一个思想上还未成熟的孩子来说，未必能做到。所以，重要的是要养成思考的习惯。也许你会轻蔑地说：这有何难？我们每天都在不停地思考，所做的每一件事都是"三思而后行的结果"。如果真是这样，为什么还会因为一句不顺耳的话而动手打架？为什么还会有为了玩而逃课的事情发生呢？

有些人做事前没有"三思"，只是图一时之快，正如一幅漫画反映的那样，男孩想要尽快砌好围墙，从而显示自己的技术，却忽略了"三思"的过程。以至于在为满意的成果而高兴时，发现没有为自己砌一个出口。

这样的故事，也许你看起来会笑。那么，笑过之后，也请你思考一下，自己是不是曾经也犯过同样的错误。试想，他但凡能够多思考一下自己将要做的事情会带来的结果，还会犯那样的错误吗？在这个世界上没有卖后悔药的，因此青少年要用心做事，做事前多

实践，人生发展的指南针

花一些时间去思考，明确自己的目标与出发点是否正确。轻生的人如果想一想自己的做法将会给亲人带来多大的痛苦，那么他们还会选择轻生吗？

俗话说：人无远虑，必有近忧。这就是告诉青少年做事前一定要谨慎，凡事应做到三思而后行。要多想一想行动的方案，多想一想每种行动产生的结果，是利大于弊，还是弊大于利。这个答案也许在人们心中应该已有答案了。

花季少年把他们的那种做事风格叫做"无悔"、"个性"、"张扬"。其实不然，那不是呈现出一个人的成熟气息，"谨于言，慎于行"的古训铭记在心，是很有必要的，让自己的言行和谐于自己的心灵，凡事多想想、不固执、不任性，那才是青少年"无悔"的洒脱。三思而后行，是不会错的。

青少年要学会正确认识自己，努力升华自我。这里须提倡自我教育，就是要求青少年要学会把自己作为教育对象，经常思考自己，主动设计自己，并自觉能动地以实际行为努力完善或造就自己。

思考的美丽之处在于它始终是鲜活的；思考的美丽之处在于它坚持以厚积为基石。思考是美丽的，却又是艰辛的。马克思说："在科学的道路上是没有平坦的大路可走的，只有在那崎岖小路上攀登的不畏劳苦的人们，才有希望到达光辉的顶点。"从这点来理解，思考是人类成功的阶梯，思考是人类最伟大的力量。会思考与不会思考之间，永远隔着一条看不见的河流，不会思考的人是永远感受不到生活的快乐和美好的。

思考是黑暗中的光明，是绝境中的村落，是迷途中的指南，是汪洋中的灯塔；陷入困境中时，紧张慌乱是徒劳的，为何不让自己静下来，镇定的思考一番呢？学会思考，往往会另辟蹊径，绝处逢生，开拓一片蔚蓝的天空。

青少年应该在生活中学会思考，在成长中学会思考，让自己在失败与成功中体验思考的快乐吧！

4.正确地认识自我

> 认识到自己的缺点就等于改正了一大半。
>
> —— 列宁

　　唐太宗说：以铜为镜，可以正衣冠；以古为镜，可以知兴替；以人为镜，可以明得失。如果想要知道自己的外貌，可以照镜子，从镜子中看到真实的自我形象。了解历史可以懂得过去，但如果想要认识自己的能力和性格，仅仅是以他人为镜是不够的。

　　常常会有一些中学生这样说："有时候，我觉得自己很能干、很聪明，但有时候我又会觉得自己很笨，连一件小事都做不好。我究竟是聪明的还是笨的呢？"发出这种感慨的学生，其实是没有正确地认识自我而已。

　　青少年对自我认识是否全面、正确，对他的生活和发展有着十分重要的意义。如果一个人看不到自己的价值，就会对自我失去信心，产生自卑感，一方面失去了生活的力量，另一方面一旦遇到失败和挫折就会一蹶不振。如果一个人只看到自己的长处，看不到自己的缺点和弱点，就会盲目自信，夸大自我，目空一切。因此只有全面、正确地认识自我，才能保证一个人的个性健全良好地发展。

实践，人生发展的指南针

客观地认识自己

古人云："人贵有自知之明。"这说明正确认识自己是相当困难的。青少年在正确认识自己的时候，困难一方面在于对自己的心理的了解，因为它常常不能像测量自己的血压、身高那样有一个客观的尺度。即使借助于心理测试，一般人也难以掌握。另一方面，在于青少年对于自己的认识往往缺乏一定的积极性和坚持性。因此，"当局者迷"的情况也就容易发生。

三千多年前，传说在希腊帕尔纳索斯山南坡上，有一个驰名整个古希腊世界的戴尔波伊神托所，这座神托所是一组石造建筑物。在这个神托所的入口处，在一块石头上刻有两个词，用今天的话来讲就是：认识你自己！

古希腊的哲学家苏格拉底最爱引用这句格言教育他的学生，因此，后人往往错误地认为这是苏格拉底说的话。这句话当时被人们认为是阿波罗神的神谕，其实是家喻户晓的一句民间格言，是希腊人民的智慧结晶，后来才被附会到大人物或神灵身上去的。

有句古语是这样说的："画龙画虎难画骨，知人知面不知心。"人心难测，知人难，为人知更难。而要知己，则是难上加难。所以有"人贵有自知之明"之说。

诚然，一个人要想真正地了解自己，认识自己，又谈何容易？一辈子不认识自己而做出了可悲之事的大有人在。在今天，还有很多人正是由于不认识自己，不充分理解今天这个社会中的情况，而受不得一点点挫折、打击，悲观、失望、苦恼、抱怨、彷徨，终日在唉声叹气、无所事事中把时光轻易地放走。

所以，青少年朋友一定要及早地、客观地认识自我，不要在年年岁岁中虚度时光。古人云："知己知彼，百战不殆。"西方人说："自己的鞋子，自己知道紧在哪里。""不会评价自己，就不会评价

实践 让自己可持续发展

别人。"希腊人说："最困难的事情就是评价自己。"可见，认识自己是一个永恒的话题，在古今中外都十分受重视。

但是，认识自己并不是一件容易的事，需要对自己有一个最起码的认识，这是做人的一个最起码的要求。而对于有些人来说，自己是什么样的人，只有自己不知道。由于难得有一个真实的参照系来评估自己，所以，我们往往都是在很"自信"的干傻事。

认识你自己吧！虽然这是困难的，然而，一个人要想有一番作为的话，正确地认识自己是一个最基本的要求。或者，你可能解不出那样多的数学难题，或记不住那样多的外文单词，但你在处理班级事务方面却有特殊的本领，能知人善任、排难解纷，有高超的组织能力；你的数理化也许差一些，但写小说、诗歌却是个能手；也许你分辨音律的能力不行，但有一双极其灵巧的手；也许你连一张桌子也画不像，但是却有一副动人的歌喉……

在认识到自己长处的前提下，扬长避短，认准目标，抓紧时间把学习或者工作做好，久而久之，自然会水到渠成。

认清自己的优势

在人生中，人们最关注的就是自己。当拿到一张集体照时，你的目光肯定会第一个落在自己身上。每天早上，面对着镜子里面的人，你不妨问问：他（她）是谁？请不要笑此话太傻。俗话说：一个人最大的敌人莫过于自己。要战胜自我、了解自我这个最大的敌人，就要认清自我，客观地评价自己，找准自己的位置，但是，又有多少人了解自我有几分。

认识自我，就是要客观地评价自己，既不高估自己，也不贬低自己。认识自我，就是要认识自己的优势、劣势、自己的与众不同和发展潜力。认识自我，就是要认识自己的生理特点，认识自己的理想、价值观、兴趣爱好、能力、性格等心理特点。

实践，人生发展的指南针

英国著名诗人济慈，他本来是学医的，可是后来无意中，他发现了自己有写诗方面的才能，所以，就当机立断改行写诗，而且在写诗的过程中，他很投入地用自己的整个生命去写诗。很不幸，他只活了二十几岁，但是，他却为人类留下了不朽的美丽诗篇。

马克思在年轻的时候，也曾想做一名伟大的诗人，也努力地写过一些诗。但是，他很快发现在这个领域里，他不是强者，他发现自己的长处不在这里，于是便毅然决然地放弃了做诗人的想法，转到哲学研究上面去了。

试想一下，如果上面的两位大师都没有正确地认识自己，看清自己的话，那么英国至多不过增加一位不高明的外科医生济慈，德国至多不过增加一位蹩脚的诗人马克思，而在英国文学史和国际共产主义运动史上则肯定要失去两颗光彩夺目的明星。所以，认识你自己吧！无论做什么都要切切实实、脚踏实地地去做，大而无当、好高骛远的想法一定要排除。

古人说："临渊羡鱼，不如退而结网。"青少年朋友，当你认识了自己之后，就应当坚定思想，让自己变成一个有思想、有韧性、有战斗力的强者，为了祖国的繁荣，为了国家的强大，为了自己的未来，在你选择的道路上一步一个脚印地走下去。

实践

让自己可持续发展

5.学会独立思考

> 独立思考能力是科学研究和创造发明的一项必备才能。在历史上任何一个较重要的科学上的创造和发明，都是和创造发明者独立地深入地看问题的方法分不开的。
>
> —— 华罗庚

春风轻轻地拂过蒲公英的叶子，带走了蒲公英的种子。青春悄悄地撞了我一下，偷走了我恋家的情结。家，在我们成年以前，是幸福温馨的港湾，我们期待回家；在我们长大以后，家就成了封闭的鸟笼，我们渴望摆脱它的束缚而远飞他乡。

是的，青春年少的飞翔梦是抹煞不得的，只是父母担心我们的翅膀不够硬，担心我们经不起风浪，担心……一切的担心均出自我们不会独立生活，不会独立思考，不会独自应付一切突如其来的情境。要想飞出囚笼，就得学会独立，要想搏击风雨，展翅高飞，也一定要学会独立。要想学会独立，首先要有独立思考的能力。

突破，克服依赖

当代中学生是新世纪的一代新人。新的时代要求中学生具有新的观念、新的素质。可是，由于种种原因，一些中学生的思想落后于时代的步伐。或迫于升学的压力，两耳不闻窗外事，一心只读

実践，人生発展的指南針

"升学"书；或在优越的环境中长大，缺乏艰苦奋斗精神和拼搏进取意识；或对社会现实缺乏正确的认识……所有这一切，都不利于青少年的成长与进步。

当你跨进青春的大门，随之而来的就是开始具备了一定的独立意识，但同时对别人的依赖还没有完全的消失，这可能会常常困扰着你。随着身心的发展，你一方面比以前拥有了更多的自由度，另一方面却担负起比以前更多的责任。面对这些依赖，你或许会感到胆怯，无法跨越依赖别人的心理障碍。依赖别人，意味着放弃对自我的主宰，这样往往不能形成自己独立的人格，容易失去自我。在遇到问题时，自己不积极动脑筋，往往人云亦云，赶时髦，易产生从众心理。

所以，要想让自己真正的成长，就要让自己试着去飞，不要怕受伤。跌倒了还可以再次勇敢地爬起来，这样你才能克服处处依赖别人的习惯。青少年要克服依赖心理，可从以下几个方面着手。

第一，要充分认识到依赖心理的危害。要改掉一些平时养成的坏习惯；提高自己各方面的动手能力；多向独立性较好的同学学习，多与他们进行交流。不要时时处处都把筹码压在别人身上；遇到问题的时候不要急，让自己平静下来，好好思考一下该怎么办，做出属于自己的选择和判断；加强自主性和创造性能力的培养。

第二，在生活中，树立行动的勇气与自信。在自己能力范围内的事情，不要请别人帮忙；自己没做过的事情要锻炼自己去做；能做到正确的评价自己。

第三，丰富自己的生活内容，培养独立的生活能力。在班级里，可以主动地要求承担一些班级任务，增强自己的主人翁意识；当有机会去独立面对问题的时候，要做到自己拿主意，借此增强自己的独立信心；在家里，主动地帮助父母做一些力所能及的事情，不要在外面自己可以独立，回到家里之后，还是想依赖父母。另

实践 让自己可持续发展

外，要在学校积极参与集体活动，学会去帮助他人。

　　青少年朋友，你知道吗？只有从你学会独立思考那天，你才真正变得聪明起来，才真正长大成熟起来。别人说的、写的，都是别人思考的结果，其中许多东西对你而言并不一定是对的。人云亦云，只知其然不思考所以然的人，永远都体现不出自我的存在。思考的过程，就是把从别人那里得到的知识在实际环境下进行修正的过程。所以，要养成独立思考的能力不是一天两天的时间，你不要着急，只要你认真地去做，相信你一定可以成为一个能独立思考、独立做事的青少年！

行动，独立思考

　　一个人在青少年时期的生活状态，往往决定了人生路上很长一段时间的得与失。独立思考的能力就是从青少年时期开始培养并逐步塑造成型的。无论将来从事何种职业，处于怎样一种生活圈子，都可以或多或少地感觉到那样一种青少年时期的烙印。独立思考也证明了你的另外一个特征：自信。试想，一个缺少自信的人怎么敢于独立承担，或者面对需要独立思考的问题呢！你在独立思考的同时，其实又是在为自己的自信心增添一块坚实的砝码。所以，现在就开始行动吧，养成独立思考的习惯，培养自己独立思考的能力，让自己成为一个会独立思考的人。

　　伟大的科学家爱因斯坦，在晚年就非常重视培养青少年勤于思考的习惯。他在晚年时，住在一个小村子里，邻居家有一个漂亮的12岁女孩，她每天放学后都来看望这位白发苍苍的科学家爷爷，爱因斯坦也喜欢每天都检查她的功课和作业。

　　有一次，这个小女孩拉着他的手亲昵地问他："爱因斯坦爷爷，这道题怎么做？"爱因斯坦和蔼地说："孩子，要学会思考，不要一碰到困难就向别人伸手。"有时，爱因斯坦会对小女孩稍加

实践，人生发展的指南针

启发地说：“我给你指个方向，不过，答案还得用你的头脑去找！”

　　原来，在爱因斯坦小时候，他就是个爱思考问题的孩子。还记得那个坐在鸡蛋上孵小鸡的他吗？他在 14 岁时，能够自学几何和微积分，在自学中一旦遇到困难，他总是细心琢磨反复思考，直到实在算不出来时才向别人请教：“给我指个方向吧！”可是，还没等人家开口，他就提出了自己的要求说：“不要把答案全部告诉我，留着让我思考！”

　　直到后来，他靠自己善于思考的力量成为了一位杰出的科学家。当人们赞誉他对人类做出的巨大贡献时，他笑着说：“学习知识要善于思考，思考，再思考。我就是用这个方法成为科学家的。”

　　细数一下这样的独立思考的科学家还少吗？牛顿在苹果树下被苹果砸了一下，他就坐在那里思考为什么，结果就有了万有引力的发现；瓦特小时候在外婆家，看到开水壶的盖子一动一动，他就蹲在那里想为什么，结果长大后他发明了蒸汽机……像这样的例子还有很多很多。

　　所以，青少年朋友要有意识地去培养自己独立思考的能力，要有一套属于自己的思维方式，思维的锻炼少不了一个独立思考的习惯。过多的依赖老师家长，会让你变得优柔寡断，无法独立处事。行动起来吧，用你的独立思考能力，去打造一片属于自己的天地！

实践 让自己可持续发展

6.在生活中懂得自尊自爱

> 自尊自爱，作为一种力求完善的动力，是一切伟大事业的渊源。
>
> —— 屠格涅夫

青少年时期，应该是一段充满着活力与自信的时期。可是，在生活中却常常可以看到很多青少年的脸上写满了痛苦与无奈。主要原因就是因为他们还没有形成很好的自尊自爱的人格观念，他们的人格毕竟不成熟，还有幼稚的一面。正如苏霍姆林斯基曾说过的，"往往这些青年企图摆脱在他们看来无需成年人保护和关心的地方，他们犯的错误也就最多。"独立性与依赖性、自觉性与幼稚性的矛盾纠葛，使正在寻求独立自主的青少年产生从未有过的烦恼、苦闷、惆怅和忧愁。因此，要求得解脱，顺利地完成独立性的发展，最重要的是必须学会自尊、自爱。

自尊，体现价值

所谓自尊，是指要求周围群体尊重自己，不向别人卑躬屈膝，不容许别人歧视、侮辱自己；所谓自重，是指注意自己的言论和行为，不在周围群体中产生不良影响。自尊、自重是富有积极意义的心理品质。青少年在生活的道路上，难免会碰到各种困难和挫折。

实践，人生发展的指南针

面对困难和挫折，不应该灰心丧气、自暴自弃，要相信自己的力量，勇往直前，做生活的强者。青少年的自尊、自爱、自强品格不是先天生来就有的，而是靠后天的关键时期的培育逐步形成的。

青少年进入青春期以后，随着自身生理方面的成长发育和心理方面的逐渐成熟，对自我的关注就越来越强烈，使自我意识得到高度发展。当感到能够胜任某件事时，当受到别人的尊重时，会给自己积极的评价，然后就会形成相应的态度体验。这种对个人价值的尊重和重要性所作的评价就是自尊。当青少年有自尊感受的时候，就说明他已经进入了一个开始成熟的人生阶段。

自尊感的形成也是多方面的，自尊不仅和社会评价有关，同时也和个人对荣辱的关心，即自尊需要有关。心理学家詹姆斯指出：自尊=成功/抱负水平，意思就是说人们对于自我价值的感受，取决于真实的获得成就和内心深处潜在的对自己的期望。但自尊需要的水平高低，却是因人而异的。有的同学没有什么抱负，因此，获得一点点成功就感到沾沾自喜；还有一些同学对自己要求非常高，因而对自己的行为和取得的成绩总感到不满意。抱负水平过高或过低都对个体的健康发展不利，过低容易使人缺乏前进的动力，过高又容易使人缺乏自信。

青少年一方面要求独立、自由、自信、有成就和有名誉，同时也要求在自己所处的团体中有一定的地位、威信、被人认可和受人尊敬。也就是说，他既想要自己尊重自己，也需要别人尊重自己。这种自尊如果可以得到满足，他就会充满信心地去生活，并能够在生活中体现自己的生存价值。

自尊是青少年如何感知自己，你的行为清晰地暴露了你对自己的感受。比如，有着高度自尊的青少年会有如下的表现：

(1) 能够独立行动；

(2) 有责任感；

(3) 对自己的成就感到自豪；

实践 让自己可持续发展

（4）能够忍受挫折；

（5）勇于接受新挑战；

（6）能够处理积极的和消极的情绪；

（7）能为他人提供帮助。

反之，自尊水平低的孩子就会有如下表现：

（1）害怕尝试新东西；

（2）感觉不到被爱；

（3）用自己的错误去惩罚他人；

（4）对他人漠不关心；

（5）不能够忍受挫折；

（6）压抑自己的天赋和能力；

（7）很容易被其他人或事影响。

自尊所产生的自信、自觉、主动，积极求知的驱动力将锐不可挡。当知识得以扩展，眼界得以开阔，观念得以更新，能力得以超群时，便会产生发自内心的自爱、自主、自立心理。有这种思想境界的青少年，他们的学与做，求与索，逐渐会远离依赖性、被动性和胆怯性，代之以独立、自信自强的理念，去顽强拼搏，孜孜不倦，开拓进取，大胆创新。

自爱，体现人格

随着一次次的花开花落，随着青春脚步的来临，青少年不仅身体发育迅速，心理也发生骤变，其中突出的是独立意识的觉醒。在生活中，在很多事情上，他们俨然以大人自居，不愿再像以往那样依附于父母和师长，受到细致入微、爱护备至的照顾。有一种前所未有的独立意识在他们内心产生，强烈地驱使他们要求摆脱这种"保护"，渴求自行安排生活、自由支配时间、随意地与人交往。他们想要打破以往的生活方式，对曾经依恋过的父母的关爱，渐渐变

得不以为然了，他们有了新的需要。作为处在这个年龄段的青少年，可能有时也会感觉到自己和以前有了变化，不要着急，不要害怕，这是一种很正常的成长过程。

在这个成长过程中，青少年最应该懂得的就是如何学会自爱。大量事实证明，并非人人都会自爱，尤其是青少年，人类之爱是最真挚、最纯洁、最高尚、最美好的情感。人文主义心理学家马斯洛发现，人若缺乏爱，则他的成长及潜力的发展就会受到抑制。人类之爱的基础是自爱。只有懂得自爱，才会理解父母之爱、师生之爱、亲友之爱，才会体验到爱心的可贵和高尚。热爱自己的人，才会热爱生活、热爱社会。自爱，是人格成熟的标志。而青少年尽管人已长高，但是对自爱这个概念却缺乏根本性的理解。

在这样一个年代，有太多人内心中充满了烦躁。你不曾见在校园门口有各种各样的衣着打扮，有五彩斑斓的色彩在发间飞舞，有美丽的花朵在指间绽放，有名贵的手机在胸前晃动，有优美的音乐在耳边回荡……

这种景象，有很多个人爱好在里面，但是也不乏有一些不懂得自尊自爱的情绪在里面。这个时期的青少年，一定要懂得如何自爱。做到远离不良嗜好和各种危险行为，注意交友，不贪小便宜，不随便接受别人的财物。让自己成为一个在德智体美劳各方面都称职的中学生，给自己的未来打下一个最坚实的根基，给自己的梦营造一个最美丽的场景，给自己的人生一个最好的答卷。

实践 让自己可持续发展

7.明确自己的人生目标

> 目标明确的人是一个永远没有闲暇的人，同时也是一个无所畏惧的人。
>
> —— 博得·舍费尔

你是不是总在考试过后才发现有很多课程没来得及复习，你是不是打算早起锻炼身体结果却没有起来，你是不是打算去买件上衣结果却提了条裤子回来，你是不是总感觉学习成绩怎么也提不上去？亲爱的青少年朋友，你知道吗？这一切，源于你没有明确的人生目标。

目标给了我们生活的目的和意义。当然我们也可以没有目标地活着，但是要真正地活着，快乐地活着，我们就必须有生存的目标。伟大的艾德米勒·拜尔德说："没有目标，日子便会结束，像碎片般的消失。"

对于没有目标的人来说，岁月的流逝只意味着年龄的增长，平庸的他们只能日复一日地重复自己。如何能成为一名梦想中的自己，就以此作为自己生活的核心目标，让它成为点亮自己的"北斗星"。

学习，切忌偏科

目标是人生前进的方向，目标是人生前进的灯塔，人生没有目标就只能庸碌无为地度过一生，做事没有目标只能与失败为伍。所

实践，人生发展的指南针

以，青少年朋友一定要养成不管做任何事都要先制订目标的习惯，只有这样，你才会了解自己的内心需求，明确自己的人生方向。向着目标不懈努力，方能到达成功的彼岸，方能收获成功。

目标对你的行为有激励作用。在行动遇到困难或阻碍时，目标可使人产生克服困难的勇气、力量，而当行动一步步接近目标时，又给人以鼓舞，激发人的学习热情。当目标实现后，又给人以满足感和自信心，促使人向新的目标迈进。所以，青少年朋友一定要养成为自己设定目标的习惯。

当你给自己定下目标之后，目标就会在两个方面起作用：第一，它是你生活的方向，也是对你人生的鞭策。第二，目标给了你一个看得着的射击靶，随着你努力地实现这些目标，自己就会产生成就感和幸福感，从而更加努力。

有这样一个故事：

三个工人在砌墙，有人过来问他们在干什么。

甲没好气地说："没看到我在砌墙吗？"

乙说："我在工作。"

丙吹着快乐的口哨，高兴地说："我在建设一座美丽的城市。"

十年后，甲还在工地上砌墙；乙成为了一名著名的建筑设计师；而丙这时已经是这个城市的市长了。

上面这个故事告诉我们，有目标才会成就未来。人生不能没有目标。没有目标的人生是残缺的人生，没有目标的人生是苍白无力的人生，没有目标的人生是注定要失败的人生。人生目标是你生命中的北极星，是你事业的灯塔，是你前进的动力。因此，在生活中，你若想事业成功，就一定要学会在做每件事之前，从制定明确的目标开始，那么，你的前途将会无限光明。

翻开每一部成功人士的传记，循着每一个成功人士的足迹，你会发现，所有成功人士在青少年时期都已经为自己树立了一个明确的人生目标。只要有了目标，就有了奋斗方向，才能把远大理想化

实践

让自己可持续发展

为自觉的行动。如果没有目标，对于一个人来说等于什么事情也不会发生。其实，行动与目标是一对双胞胎，没有目标，你的所作所为不可能会成功；没有行动，目标也就失去了存在的意义。

古人云："有志者，事竟成。"所谓志，就是指一个人为自己确立的"远大志向"，确立的人生目标。人生目标，是生活的灯塔，力量的源泉，如果失去了它，就会迷失前进的方向。确定了人生的目标，才可能选择生活的道路，进而才能够掌握、控制自己的人生。

学习应纠正偏科

在波浪滔天的大海中航行，假如没有灯塔的指引，就很有可能偏离航线或触礁沉没，无法到达理想中的彼岸；在茂密阴翳的原始森林中穿行，假如没有指南针的指引，也不会观察日月星辰，即使拥有强壮的身体，也很难走出森林；在漫漫的人生长路上，假如没有一个明确的人生目标，无论你多么努力，也不会取得事业上的成功，最终只能是一事无成。

哈佛大学有一个非常著名的调查，这个调查是关于目标与人生的跟踪调查。调查的对象是一群智力、学历、环境等条件差不多的年轻人，调查结果显示：

27%的人没有目标；

60%的人目标模糊；

10%的人有清晰但比较短期的目标；

3%的人有清晰且长期的目标。

这项跟踪调查一直进行了25年，经过25年的风雨之后，他们的生活及分布现象很有意思：

27%没有目标的人，他们生活在社会的最底层。他们的生活过得很不如意，常常需要靠救济才能勉强度日，而且还常常抱怨家

实践，人生发展的指南针

人、抱怨社会。

60%目标模糊的人，几乎全部生活在社会的中下层。他们都能安稳地度日，但是都没有什么特别的成绩。

10%目标清晰但比较短期的人，大都生活在社会的中上层。他们的共同特点是：短期目标不断地达成，生活状态稳步上升，都成为了各行各业中不可或缺的人才，如医生、律师、主管、经理等。

3%目标清晰且有长期目标的人，25年来不曾改变过自己的人生目标。在25年当中，他们一直在朝着一个方向努力。结果，25年之后，他们几乎成了社会各界的成功人士，其中不乏一些白手起家的人，现在也成了行业领袖、社会精英。

人生中最可怕的事情莫过于自己就像大海里漂游的小船，不知道要去哪里，当风往东吹，它便往东走，当风往西吹，它便往西走，永远都在原地徘徊。"凡事预则立，不预则废"，如果没有一个明确的人生目标，你的未来就无从谈起。

一个人，如果看不到自己的远方，那是很可怕的一件事。有了远方也就有了人生追求的高度，而人一旦有了追求，远方也就不再遥远。每个人都应该有一个能够让自己信服且为之奋斗的目标，这个目标并不一定是个确定的值，而是自己设定的在将来的某个时间点要达到的成就。所以，青少年朋友一定要有一个明确的人生目标，并为这个目标坚持不懈地去奋斗，为自己打造一个美丽辉煌的人生！

实践

让自己可持续发展

第二章　做知识的引导师
——学习，掌握知识的加速器

学无止境，实践才能出真知！

在科技飞速发展的当今社会，如果想使自己有立足之地，获得成功，掌握知识是最好也是唯一的途径。

对于中学生来说，正是学习知识的大好时光，如何不虚度这有限的时间，学到更多的知识，为自己的将来打下坚实的基础，是所有中学生都必须直面的问题。掌握正确的学习方法，提高自己的学习能力是当务之急！

1.养成边学习边实践的习惯

> 三更灯火五更鸡，正是男儿读书时。黑发不知勤学早，白首方悔读书迟。
>
> —— 颜真卿

对于青少年来说，学习的一个重要目标就是要学会学习，而且还要能够在这学习中学会实践，这才是现代社会发展的要求。21世纪的文盲将是那些不会学习而且不懂得学习实践的人。而对于学习本身，其实也是一门学问。一个学习优秀的学生，一定有科学的方法，有需要遵循的规律。因为只有按照正确的方法学习，学习效率才会高，学的也才会轻松，思维也变得灵活流畅，能够很好地驾御知识，真正成为知识的主人。

从学习中懂得人生，从学习中懂得实践。然后养成一边学习，一边实践的好习惯，青少年的人生才能在不断的学习和不断的实践过程中变得更加精彩。所以，青少年在学习中应追求更高的学习境界，然后使学习成为一件愉快的事。

学习，永无止境

学习是一个不断积累的过程，而在这个过程中，青少年才会得到不断的提高，正所谓活到老，学到老。纵观古今，那些真正的学

学习，掌握知识的加速器

问家，因为懂得学无止境，所以总能看到自己无知的一面。孔子曾说："盖有不知而作之者，我无是也。多闻，择其善者而从之，多见而识之，知之次也。"

有这么一个小故事，深刻地诠释了学习是永无止境的。有一个徒弟认为自己学的已经很好了，就跑去对师傅说："师傅，我已经学足了，可以出师了吧！"师傅并没有回答，而是先让他去装一大盆子的石子，直到自己认为装满为止，这个徒弟就去做了，一会儿工夫他觉得自己已经装得满满的，然后他就去见了师傅。

师傅也没有说什么，就问徒弟："装满了吗？""满了！"徒弟自信地答道。师傅并没有回答，而是抓来一把沙，掺入那个大盆子里，没有溢出。师傅又问："满了吗？""满了！"徒弟这次极为肯定地回答。师傅又抓来一把石灰，掺进那个盆子里，还是没有溢。"满了吗？"师傅再问。"满了！"徒弟显得很不耐烦地说道。接着，师傅又倒了一盅水下去，仍然没有溢出来。"满了吗？"徒弟这次无言以对。

其实无论什么人，什么时候，都离不开学习。更不能停止去学习，"人活着就要永远学习。"不知道是谁说过这样的一句话，但是对于学习来说，应该是没有尽头的，也只有那些不断学习的人，才会有可能成为成功之人。

对于青少年来说，学好科学知识是第一要务。只有学好了科学知识，才谈得上今后建设祖国或者是从事科研工作。而不能好高骛远，基础都没有打扎实就想展翅高飞。古人说："少壮不努力，老大徒伤悲。"青少年风华正茂，正处在学习的大好时光，一定要锲而不舍地学习，要从书本上学习，也要从实践中学习，掌握各种知识和本领。青少年是祖国的未来和民族的希望，一定要更加的努力学习。

青少年一定要知道，学无止境！知识永无穷尽之日。身为八九

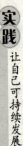

实践

让自己可持续发展

点钟的"太阳"，青少年理所当然地要以谦虚求实之心，勇于攀登科学文化的高峰。只有这样，民族的振兴、祖国的腾飞，才能指日可待！

实践出真知

"书山有路勤为径，学海无涯苦作舟。"这句古诗千百年来被广泛传诵。其内在的意义每一个人都知道，而现如今，21世纪是一个知识突飞猛进的世纪，也是一个催人奋进的世纪。青少年将成为21世纪进步的主力军，更应该抓住这个学习的好时光，好好学习，做一个对社会有用的人。而在学习过程中，最重要的是要懂得实践。

世界上有些事情只有当自己亲自去实践过才会发现其中的奥妙。了解自己不了解的、不知道的事情，未尝不是一件好事，所以伸出你的双手走出去，到实践中去找寻你的答案，对于青少年则更是如此。唯有实践才能出真知。

有这么一则寓言，说是有一个哲学家要过河，所以他在河边找到一个船夫渡他过河。在过河期间，他想向船夫炫耀一下自己的博学多才，就问船夫："你懂数学吗？""不懂。"船夫说。"你的生命的价值失去了三分之一，"哲学家说，"你懂哲学吗？""更不懂。"哲学家感慨道："那你的生命价值就失去了一半！"

过了一会儿，过来一个巨浪，一下子就把船打翻，哲学家掉在河里。船夫就问："你会游泳吗？""不会，不会！"船夫说："那你的生命价值就失去了全部！"

马克思主义认为，人们对客观世界的认识和改造，人生价值和理想的实现，都离不开社会实践。而故事中的哲学家虽然自己满腹才学，但是却连最根本的自救都不会，最后也就丧失了宝贵的生命。连一点儿社会实践都没有，还去高谈阔论自己的才学。其实，

学习，掌握知识的加速器

不懂得实践的人，就算你有再大的能力，在实践面前，将永远是一个零。

毛泽东也这样说过："你要有知识，你就参加变革现实的实践。你要知道梨子的滋味，你就得变革梨子，亲口吃一吃。"青少年只要懂得实践出真知的道理，就会在实践中不断地提高自己，因为纸上的知识得来的终会觉得浅，要想知道究竟是怎么回事，还是得躬行。其实不听不如听之，听之不如亲眼所见，眼见不如认识懂得，认识不如亲手变革的行动，学习达到了会干、会做的程度，就到头了，会做、会干就意味着认识了、懂得了。这段话隐喻了知与行的关系。应该知道所有真正的道理都是在实践中得来的。

青少年是祖国的花朵，祖国的未来，唯有不断地学习，才能够让自己立于不败之地。不过，更重要的是要让学习和实践相结合，才是学习的最高境界。用知识创造生活，你的人生就会树立起永不沉沦的风帆。

实践
让自己可持续发展

2.有计划，学习目的才明确

> 凡事预则立，不预则废。
>
> —— 《礼记·中庸》

可以说，人生中最应该好好把握的时光就是青少年这个阶段了，因为处在这个阶段正是学习的好机会，把握好了，对以后的人生就会有特别大的帮助。所以好好学习是必要的。但是也不能盲目地一味地乱学。古语说："凡事预则立，不预则废。"这就是说，凡事都要有个计划，学习当然也不例外。

学习计划就是对时间进行科学的分配和使用，合理安排学习内容和活动。因为没有计划，学习就理不出一个头绪，就会打乱仗。可以说，制订学习计划是科学学习的重要一环。为此，青少年必须有一个明确的学习计划，学习要有积极性和主动性。而中学生的学习过程和学习活动是在老师的指导下进行的，学习内容是比较丰富繁多的、有序的、有系统的，这本身就要求要有很强的目的性和计划性。

有计划，等同于成功

中国有句老话："吃不穷，喝不穷，没有计划就受穷。"这对于青少年来说也同样受用。如果青少年在学习过程中，没有一个切

学习，掌握知识的加速器

实可行的学习计划，想到哪学到哪，就会陷入主次不分，盲目学习，随意忙乱，顾此失彼，浪费时间的境地。所以，学习需要有明确的目的计划，要科学地利用时间，形成科学地、高效地利用时间的模式。有句话说得好，任何时候，做任何事情，有计划地去做，就等同于成功。

人与动物的根本区别之一在于人的学习活动是有目的、有计划的行为。作为青少年，可以说在经历了初中阶段，要步入高中这个重要的学习阶段，已经具有了较高水平的目的性、计划性和较强的时间观念。而实际情况也表明，学生的学习目标越明确，计划性越强，时间利用就越充分，学习效率就越高。

我们来看一看约翰·戈达德是怎么做的，他的成功也在向我们宣告着同一个定理：凡事若有计划，等同于成功。这个名叫约翰·戈达德的美国人，当他15岁的时候，就已经把自己一生要做的事情列了一份清单，被称做"生命清单"。

在这份极为特殊有序的清单中，他给自己列出所要攻克的127个具体目标。比如，探索尼罗河、攀登喜马拉雅山、读完莎士比亚的著作、写一本书等。而多年以后，他正是以那种惊人的毅力和非凡的勇气，在与命运的艰苦抗争中，终于按计划，一步一步地实现了106个目标，而最后的结果是他成为一名卓有成就的电影制片人、作家和演说家。

这不仅是对心灵的强烈的震撼，而且告诉青少年一个很重要的道理：凡事只要有计划，就会做成自己想做的事情。所以，无论做什么事情，事先制订出周密的计划，明确的目标，才能把事情办好。科学地计划时间，提高学习效率，其实也就是那么两句话。

第一句，一定要学会自我提示。有计划地做事就是成功的开始。

第二句，自我督促。计划决定的事就要坚决完成！今日事今日毕。

实践
让自己可持续发展

　　其实，这两句话主要是在说明，青少年应该对自己的时间做一个不错的计划，找出每天可以自主支配的时间，然后以分钟计算，那怕是几分钟也不放过。坚决不把时间用在毫无意义的事上。

计划，让学习更明确

　　克晓红是某年高考中某市的文科第一名，而她对计划学习的体会是：所谓"磨刀不误砍柴工"，学习前制订周密可行的学习计划是十分必要的。而且做好计划就是在珍惜自己学习的时间，也能够让自己的学习目的更加明确。从而更加有效地提高自己的学习效率。

　　其实在任何的学习过程中，有计划是很重要的，有计划才能让自己的学习目的更加明确。对于青少年来说，要学会在每个时间段内安排自己的自主学习、活动内容，内容的多少最好是通过自己的努力能够完成的，内容的安排要科学交叉，短的、零散的时间学习零散的知识，安排容易做的事，长的时间学习较完整的知识，安排复杂、有难度的事。不管怎么学习，计划是最重要的，而且计划的方法也很重要，对于青少年来说，制订一个让学习目的更加明确的计划，则是非常有必要的。

　　首先，切不可好高骛远，这山望着那山高，要学着制订可行的计划。也就是不能对学习计划要求过高，因为要求过高不仅难以执行，而且容易引起自卑感。有的青少年虽然制订了学习计划但没有执行。究其原因，我们不难发现，很大一方面是由于计划订得过于理想，还有就是本人缺乏执行的毅力，如若再加上周围条件的不允许，就会让部分青少年止步不前，不再继续自己的计划。

　　其次，一定要先考虑生活的平衡。不能一制订学习计划就只考虑着自己的学习而不去考虑其他方面。其实，学习只是一天生活中的一个方面，其他活动对学习都有一定的影响。所以，在制订学习

学习，掌握知识的加速器

计划时，必须全面考虑。既要使学习在一天中占首位，又要使学习同其他活动协调起来，多方面结合起来，效果会更好。

另外，更重要的是，学习计划既要有灵活性，又必须以基本不变为原则，这样才有利于养成良好的习惯。如果把什么情况都看成是例外，随便变更计划，就难以养成好习惯。所以，在一开始制订计划时就要多考虑留有余地，计划一旦订好之后，就尽可能不变动。因为很大程度上，坚持自己的原则也是至关重要的。

3.掌握正确的学习方法

> 加紧学习，抓住中心，宁精勿杂，宁专勿多。
>
> ——《周恩来选集》

学习绝不是简单地将信息塞入头脑，而是需要掌握不同学科的学习方法，而好的学习方法使你事半功倍，不良的学习方法使你事倍功半，因此学习一定要掌握正确的方法。但是学习方法应该是因人而异的，不是每一个人都能够接受同一种学习方法的。对于青少年来说，选择一种非常适合自己的学习方法，不仅能够让自己的学习成绩很快地提高一个层次，更重要的是能在好的学习方法中找到学习乐趣，从而游刃有余地驾驭学习。

学习，方法最重要

"学习不仅要认真，还要有正确的学习方法"。这句话的含义是很深刻的。换句话来说，也就是倘若把学习比作航船，勤奋则是轮船的马达；正确的学习方法便是轮船的方向盘与航线。德国哲学家笛卡尔也曾说过："最有价值的知识是关于方法的知识。"

对于青少年来说，学习是一个由浅入深、循序渐进的过程。这个过程有困难也有收获，有苦恼也有喜悦，包含着许多丰富多彩的内容。不管怎样，满意的学习效果无不来源于科学的学习方法。因

学习，掌握知识的加速器

为明确的学习目的是学习成功的前提；浓厚的学习兴趣是学习成功的动力；正确的学习方法才是学习成功的保证。

许多古今中外的无数事实已经证明：科学的学习方法将使学习者的才能得到充分的发挥、越学越聪明。爱因斯坦总结自己获得伟大成就的公式是：$W=X+Y+Z$。并解释 W 代表成功，X 代表刻苦努力，Y 代表方法正确，Z 代表不说空话。毋庸置疑，有良好的学习动机、浓厚的学习兴趣、积极的学习情感、意志和态度，是学习成功的必要条件，而掌握科学的学习方法是取得成功的不二法门。

我们来看一则神话故事：

很久很久以前，一个非常贫穷的孩子遇到了一位神奇的老人，老人用手指把路旁的一颗小石子化成金子送给孩子，孩子摇摇头。老人用手指又把一块大石头点化成金子送给他，孩子还是摇了摇头。老人生气地责问："金山还不要，你要什么？"孩子不慌不忙地说："我要您的手指头。"老人一听笑了。对于青少年来说，我们在学习上需要的也正是这种"点金术"。事实上，科学的学习方法不能一蹴而就，它需要经历一个由浅入深、由表及里的过程。

学习有法，而无定法。凡会学习者，学习得法，则事半功倍，凡不得法者，则事倍功半。青少年应该都能找到一套适合自己的学习方法，然后才能在未来的学习道路上前进得更快。正如清末明初学者王国维所述说的那样，为学有三层境界：

第一层境界，"晚夜西风凋碧树，独上高楼，望尽天涯路"。开始学习时，举目四望，学海无涯，感到困难重重。这一层就像我们刚开始学习的时候，根本就找不到正确的方法，然后就会采用死记硬背的方法，从而会做出许多的无用功。

第二种境界，"衣带渐宽终不悔，为伊消得人憔悴"。为了达到学习目的，付出再艰苦的努力也心甘情愿。而这一层就不同了，这就像我们已经走在正确的学习道路上，但是发现自己的方法还是

不很健全，所以处在一种半死不活的状态。

第三种境界，"众里寻他千百度，蓦然回首，那人却在灯火阑珊处"。掌握了学习规律和学习方法，就能由学业上的"必然王国"达到"自由王国"。这最后一层就成了能灵活正确地掌握学习方法。

所以如果掌握好了正确的学习方法，就会给广大青少年带来高效率和乐趣，从而节省大量的时间。而不得法的学习方法，会阻碍才能的发挥，越学越死。给青少年带来学习的低效率和烦恼。由此可见，方法在获得成功中占有十分重要的地位。

掌握正确的学习方法

每一个青少年都想获得一种适合自己的学习方法，那么究竟怎样才是正确的学习方法呢？我国古代伟大的教育家孔子，在学习方法上主张"学而时习之"，"温故而知新"，"学而不思则罔，思而不学则殆"。这些学习方法是值得我们借鉴的。但不论怎么样，正确的学习方法应该遵循以下几个原则：循序渐进、熟读精思、自求自得、博约结合、知行统一。这才是最正确、最科学的。

第一，一定要懂得循序渐进。也就是要系统而有步骤地进行学习。它要求人们应注重基础，切忌好高骛远，急于求成。而这种循序渐进的原则主要体现为：一定要先打好基础，还要做到由易到难，更重要的是应该量力而行。

第二，应该熟读精思。也就是要根据记忆和理解的辩证关系，把记忆与理解紧密结合起来，两者不可偏废。因为在学习的过程中，谁都知道，记忆与理解是密切联系、相辅相成的。这一点是很重要的。

第三，自求自得。就是要充分发挥学习的主动性和积极性，尽可能挖掘自我内在的学习潜力，培养和提高自学能力。对于青少年来说，切不可为读书而读书，而是应该把所学的知识加以消化吸

学习，掌握知识的加速器

收，变成自己的东西。

第四，博约结合。众所周知，博与约的关系是在博的基础上去约，在约的指导下去博，博约结合，相互促进。

第五，知行统一。就是要根据认识与实践的辩证关系，把学习和实践结合起来，切忌学而不用。知行统一要注重实践，一是要善于在实践中学习，边实践、边学习、边积累。二是躬行实践，即把学习得来的知识，用在实际工作中，解决实际问题。

对于青少年来说，学习有法而事半功倍。法国大生理学家贝尔纳说："良好的学习方法能使我们更好地发挥运用天赋的才能，而笨拙的方法则可能阻碍才能的发挥。"总而言之，通过有效方法学习和反复运用，使自己形成一套正确有效的方法，它是你不断成功的基石，将使你受益终身。

实践
让自己可持续发展

4.专心致志，学习的法宝

> 一个人不能骑两匹马，骑上这匹，就要丢掉那匹。聪明人会把凡是分散精力的要求置之度外，只专心致志地去学一门。
>
> —— 歌德

一棵树，它应该有一个扎根、生长、结果的过程，那么一个人，他也会经历有才、有为，最后再有钱的过程。人在青少年阶段应该什么也不想，只是想着专心学习，这是学习上最能致胜的法宝。"非淡泊无以明志，非宁静无以致远。"这就是一个成长的过程，所以，凡事一本正经而全神贯注地实干必能成功。一个人无论做什么工作都善始善终，一次只能单独做一件事，一心一意，完全彻底，终会精诚所致、金石为开。

学习，专心致志

作为一名青少年，在学习的过程中，如果想要取得成就，三心二意，心猿意马是最大的绊脚石。人与人相比，聪明的程度相差不是很大，但如果专心的程度不同，取得的成绩就大不一样。凡是做事专心的人，往往成绩卓著；而时时分心的人，终究得不到满意的结果，所以在学习上切不可三心二意。而下面的故事中，就是因为

学习，掌握知识的加速器

专心致志的原因，得到了老师的肯定。

从前，有个棋手叫秋，由于他的棋艺特别高，别人就叫他弈秋。有一次，弈秋收了两个学生，当然这两个学生都很聪明，然后为他们两个同时上课。他一心想把自己的棋艺教给他们，就非常仔细地给他们讲解。一个学生听讲非常仔细认真，一心一意地注意弈秋的讲解和分析，对别的一些事情全都不加理会，可以说是非常的专心。

但是另外一个学生，就不一样，你看着他是在那儿坐着，实际上却心不在焉。他一会儿看看窗外的田野和树林，一会儿又听听天上的雁鸣。当他发现有好几只天鹅飞过，便想"要是能有一张弓、几支箭，射下一只天鹅煮来吃，那该有多好啊！"不一会，他又向窗外看了一眼，发现一只天鹅飞过，便起了射天鹅吃的念头。一下子到弈秋老师全讲完了，他也没在意，只是三心二意的一边听着课，一边想着其他。

这个时候，弈秋讲完课了，就叫两个学生对下一局，看看他们究竟学得怎样。起先，那个开小差的学生凭着以前的基础还能勉强应付，可渐渐地就显出差距来。那个专心致志的学生攻守从容有序，而老是三心二意的学生只有招架之功，却无还手之力了。然后弈秋就语重心长地对这两个学生说："虽然下棋只是一种小小的技艺，算不得什么大本事，但不专心致志地学习，也是学不好的啊！"

青少年在学习的过程中，只要专心的学习，做到两耳不闻窗外事，一心只读圣贤书，就会有所成就。人的思想是了不起的，只要专注于某一件事情，就一定会做出使自己感到吃惊的成绩来。

居里夫人在科学上取得那么大的成就，就因为她是一个终身做事专心致志的人。由此看来，当一个人专心致志时，就会取得很大的成就，而且在这个过程中，就仿佛完全进入了另一个世界，对周围的喧闹声、说话声就会听而不闻。此外，文武之道，张弛有度，

工作的时候专心致志聚精会神，休息的时候痛快地放松，既有利于身心健康又有助于成功。

专注就是成功

青少年在学习过程中，注意力起着非常重要的作用。有位专家说："注意力是学习的窗口，没有它，知识的阳光就照射不进来。"对青少年的学习来说，注意力的好坏也是至关重要的。对于青少年来说，只要专注于学习中应该做的每一件事情，全心全意，专心致志，集中精力，心无旁骛，就一定会在学习上取得一定的成绩。

青少年处于学习的阶段，一定要专心，唯有心无二用，才可以不削足适履。一个人不能以身试骑两匹马，只有你选一择二，全心全意地骑千里马，才会心安理得。趾高气扬的人总是干一行怨一行，可是往往他（她）被毫无益处的事情弄得筋疲力尽、功亏一篑，却惊慌万分懊悔当初。所以，任何人如果浅尝辄止都将是一事无成，没有持之以恒、始终如一的专注，就不能博闻强记。学习不能虎头蛇尾，必须处之泰然，一如既往。

如果一个人专心致志地学习，就说明他已经有了明确的奋斗目标，明白自己现在究竟要做什么事，不达目的，绝不罢休，而且表明了排除干扰的决心。专心致志的学习习惯，是学子必须养成的起码的学习习惯。专心致志，包括以下两个方面：

第一，要致力于主攻方向不分神。就是在一定时期内紧紧围绕主攻方向，安排学习内容，除学校组织和提倡的健康活动外，一切与主攻方向相悖的乃至不相关的劳神费时的事情都尽量不要涉足。像早恋、打游戏机、上网，过多地看课外书籍和过多地看电视等等，这些对于专习学习都是很不利的。

第二，要全神贯注不溜号。上课时要全神贯注地听讲，做作业时聚精会神地思考。对于一切与学习无关的事情能够做到听而不

闻，视而不见。在学习的时候，很多同学上课时分心，讲话或摆弄东西，甚至做一些与学习毫不相干的事；课后做作业，一边听歌一边写文章、算题，哪里说话哪搭茬儿。这些做法都是与专心致志的学习习惯背道而驰的，这些都是一些不专心学习的表现。

在攀登科学高峰的时候，莘莘学子都在苦心孤诣地攻读，但是许多人之所以失败都只是因为他（她）并未专心一意地用心去学习，而是在学习时老是漫不经心、懒懒散散、粗心大意，致使功败垂成。所以，作为青少年，假如你想在学习上有所成就的话，就一定要专心致志地学习，只有这样，才可能成功。

5.要会"学以致用"

学以致用，就是把自己所学到的知识运用到实践中去。

—— 佚名

青年人才既是现实社会的产物，又是未来社会的预兆。青年人才的风范和精神面貌，就是当今一代人即将面对的 21 世纪的社会面貌。而且 21 世纪是一个崇尚能力的社会，如果广大青少年希望自己长大以后成为对社会有用的人，就应该把自己学到的知识运用到实践中，也就是要学会学以致用。

学习的最终目的是为了运用，而只有那些善于把所学知识运用到实践中去的人，才是一个真正优秀的人，他的生活才会过得快乐、安全、自由。当青少年具备了学以致用的好习惯以后，就会在生活中积极地把学习和实践结合起来，以学习促进实践，以实践带动学习，从而变成一个对社会有用的人才。

学习，学以致用

古人说："学以致用。"要会学还会用，确实不是件简单的事。但是青少年在学习中，有很多的都是理论性比较强的知识，所以更应该把学到的知识运用到实践中去。对于青少年来说，知识的获得，一方面可以通过各种院校的专业教育，另一方面可以通过社会

学习，掌握知识的加速器

的再教育。专业教育相对较为系统，一般是我们考虑自己的情况而选择的教育，它主要体现兴趣、潜力；而再教育一般是考虑到自己的知识构成、工作需要等而进行的额外教育。所以，就更加应该学会学以致用。

小明的家长很注重培养孩子的学以致用的好习惯。当小明还很小的时候，他从父母那里很快就学会了100以内的加减法。父母为了锻炼他对100以内加减法的实际运用能力，便给了他100元钱，叫他去附近的超级市场买东西。父母规定小明将100元钱中的88元买东西，其余的找回来，而且要求买的东西越多越好。同时，父母还鼓励他、要求他自己算，这就锻炼了他的实践能力，久而久之，小明养成了勤于实践的好习惯，每次学到了新东西，不用爸妈催促，他自己就想方设法去实践了，在实践中，他不仅印证了所学的知识，而且也大大地增长了能力。

学习的目的应该是学以致用，因为学以致用才是学习的至高境界，青少年的学习更是如此，理想的学习状态应该是有反馈的学习，而不是僵化的接受。因为知识可以创造无穷的价值，但只有学以致用才能体现知识的价值，如果我们脱离现实，只能让我们的知识变成乌托邦，让我们的理想变成乌托邦，让我们的追求变成乌托邦，最终只会害了自己。这对于正处于接受知识教育的青少年来说是极为不利的。

其实，大多数青少年是缺乏学以致用的习惯和意识的。而事实上，一个人的行为是和习惯、意识紧密相联的。如果青少年能够在日常生活当中，把自己学到的知识灵活地运用起来，就会逐渐地培养起自己的知识应用能力，那么，在下次遇到困难的时候，青少年就会习惯性地采取行动，运用自己潜在的实践能力来解决问题。

实践 让自己可持续发展

学以致用是一种能力

古人早就提出了学以致用这个概念，不过那时更多的是用来指导自己的行动与人生目标，却很少用在学习上。学以致用是一个非常重要的学习方法与能力，需要在学习过程中不断领悟，才能不断进步。

人们常说知识就是力量，但也有人认为知识本身还不是力量，知识只有和明确的目标及具体的行动计划相结合，对我们的生活和工作具有指导意义时才能变成一种力量。也就是说能够学以致用才是一种能力。

学到的知识不能经过自己的思维整合，不能经过归纳、总结、引申、牵延等种种方法，在头脑中形成一个知识的有机链接，就不能称之为自己的东西，所学从前门进入，徘徊一圈又从后门出去了，根本没有知识的积累。长此以往，一部分青少年就会越学越吃力，造成恶性循环。所以，青少年应该把学以致用变成自己的一种能力。

我们以语文为例，在学习的过程中，有些同学基础知识部分掌握的内容还是比较牢固的，古文背诵得可以说是滚瓜烂熟，但在作文中却常常是无米下锅，搜肠刮肚，语言贫乏，没有文采，究其原因，就是没有学会学以致用，导致自己做了一些无用功，反而也没有见自己的成绩有所提高。

所以在平时的学习过程中，一定不要死记硬背，把自己不理解的知识也一味地背诵，结果还是不会学以致用。想要学以致用，就要改变以上现状。做到：不动笔墨不读书，课堂上要多进行一些联想、仿写与一些小练笔的练习，久而久之，不仅学到了知识，更重要的是达到致用的目的。

当你能够把学以致用变成一种学习的能力的时候，你就成功地掌握了一种正确的学习方法。学以致用不仅是一种很好的学习习惯，更重要的，学以致用还是一种正确的学习方法，如果能够把学以致用真正地弄懂弄明白，那么接下来的学习将会变得很轻松。

学习，掌握知识的加速器

6.多阅读，大有益

> 读书足以怡情，足以博彩，足以长才。其怡情也，最见于独处幽居之时；其博彩也，最见于高谈阔论之中；其长才也，最见于处世判事之际。
>
> —— 培根论《读书》

书是无价之宝。书籍是知识的源泉。书是甜的，书是美的。阅读是一种乐趣，阅读是一种享受。阅读，仅次于父母的拥抱。阅读，是打开知识大门的"金钥匙"。

阅读是一种心灵的享受。阅读的快乐不在于人家告诉了你什么，而在于借此你的心灵得以舒展开来。世界上最不幸的人，该是那些不懂得阅读好书能得到心灵满足的人。

作为青少年的你们，应珍惜生命中的每分每秒，博览群书，开阔视野，广泛阅读。读文学名著，读散文经典，读人物传记，读通俗哲学，读科学作品，读寓言童话，读历史读物，读政治社会等等。博览群书的人，才可能成长为学识渊博、思想锐利的人。就如一位名人所说：一本书像一艘船，带领我们从狭隘的地方，驶向生活的无限广阔的海洋。

读书，开卷有益

开卷有益，读书破万卷。俄国哲学家拉吉舍夫说过："在知识的山峰上，登得越高，眼前展现的景色就越壮阔。"从书本中，青少年会获得前人宝贵的经验、渊博的知识，还让他们明白事理，更启迪他们的智慧。

"书籍是人类进步的阶梯"。书籍所承载的知识、信息对青少年的健康成长起着非常重要的作用，这一点已成为全社会的共识。

书海，一望无际；书山，高入云天。上下五千年，纵横八百里，一本书，便是瞭望世界的一扇窗口；一本书，便是驶向知识彼岸的一艘航船。书籍，凝结了人类所有的智慧和创造，坚信，开卷必有益。

记得陆游诗云："病经书卷作良医。"言下之意，读书也可以祛病。久卧病榻，好书为良伴，这其实也是一种精神疗法。

西汉刘向说："书犹药也，善读之可以愈愚。"可见读书还能祛愚俗。无文化，欠修养，极易导致举止粗鄙，谈吐失雅。

青少年身处物欲横流的当今社会，心灵难免多少会受环境浸染，有些浮躁和迷茫，而陶渊明"心远地自偏"的境界，唯有书籍可作津梁。只有在夜深人静，凝神静气，细细品读时，人生所有的孤独和迷茫、浮躁和偏激，才会悄悄地随风而去。

书，永远是他们的良师益友。

作家斯迈尔斯曾言：书引导我们生活在一个最美好的社会里，让我们置身于古往今来那些伟大的心灵之中，瞻仰他们的风采，亲沐他们的行谊，聆听他们的言论，坐享其间，分享他们的喜怒哀乐，汲取他们的经验，不知不觉地把自己融进他们匠心独运的幽美意境之中，如沐春风，一生都受用不尽呢！

古人云"书中自有黄金屋，书中自有千钟粟"，今人说"世界上所有的一切都在书里"、"世界上没有的一切也在书里"。读过的

学习，掌握知识的加速器

书已成为大家的朋友，没读过的书期待着大家去翻阅。开卷有益，去享受读书的乐趣吧。

书带着大家游览祖国的壮丽河山，领略大自然那神奇的风景；书让大家接触生命的起源、宇宙的奥秘。书是千里眼，让大家观赏到世界的奇观，古色古香的日光城——拉萨、音乐之都——维也纳、东方之珠——香港……书是顺风耳，让大家欣赏到无以伦比的音乐，《让我们荡起双桨》、《小白船》、《歌唱二小放牛郎》……如果说大家是一个风筝，那书就是牵着风筝的线，读的书越多，线越长，才会飞得更远！

读书，净化心灵

高尔基说：书籍为理智和心灵插上了翅膀。

沐浴晨曦，斜倚晚霞，在暮鼓晨钟里，怀一份古典情怀，心情伴书平和而宁静，灵魂伴书纯净而超然。

曾几何时，与杜甫共阅"随风潜入夜，润物细无声"的春雨图，与张耒共尝"蝶衣晒粉花枝舞，蛛网添丝屋角晴"的夏趣。忘不了，与苏轼共赏"暮云收尽溢清寒，银汉无声转玉盘"的中秋美景，更挥不去，与柳宗元"孤舟蓑笠翁，独钓寒江雪"的那份闲趣。

每次看一本书，读一首诗，就像一场精神的旅行，徜徉在作者的世界里，不管收获大小，至少不会空手而归。品读《悲惨世界》、《巴黎圣母院》，感受人性的真、善、美，去读《简爱》、《钢铁是怎样炼成的》、《平凡的世界》可以学习书中人物的精神，感受他们的人格魅力。

读书，是青少年净化灵魂、升华人格的一个非常重要的途径。许多的文学著作和社会科学作品本身就具有着强大的感染力，渗透着一种无形的德育力量。

有位哲人曾经说过这样一番耐人寻味的话：你有一个苹果，我

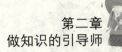

有一个苹果，两人交换之后，每个人手中仍然只有一个苹果；你有一种智慧，我有一种智慧，因为吸收了别人的智慧，每个人都会发现自己另有收获。细细品味此言，不也对读书作了最直观、最生动、最完整的诠释吗？读书人之读书过程，自是能动的过程、对话的过程，他们一方面在谛听作者倾述的思想和观点，另一方面则必然会作出自己的心理感受和情感反应——或颔首认同，或心存疑虑，或不敢恭维，从而在磨合、捣碎的过程中，实现读书人自我视野的拓宽、智慧的累积、思想的升华。

人需净化性灵，读点儒道的书；人需获得智慧，读点哲史的书；人需调整心态，读点文艺的书。全不为争生存空间，只为自我圆融，当然读书之乐也就自在其中了。

"饥读之以当肉，寒读之以当裘，孤寂而读之以当朋，幽忧而读之以当金石琴瑟"，每个人都有亲人，有朋友，还可以有书为伴。

愿青少年朋友们常常置身于一方有书的天地，常常沐浴书的灵光，让自己的心灵在得到寄托的同时，也得到重塑。

在书的海洋里，去体验书香的、诗意的生活，让心灵远离喧嚣，远离浮华，在自然的静谧中寻得内心中最渴望的那份平静，在不断的求索中拾回那最真最善的美。当你真的发现自己的生活与阅读如此接近，如同大自然般简朴，如同大自然般真诚，那你必将随着这份美，得以永恒……

在书中，大家可以与自然对话，与社会对话，与大师对话；上至天文下至地理，古今中外，大家可以无所不去，可以游览一望无际的草原，可以领略到"水光潋滟晴方好，山色空蒙雨亦奇"的西湖的诗情画意，可以感受到"大漠孤烟直，长河落日圆"的寥廓壮美，可以……

书，会一次次使大家受伤的心灵得到抚慰，会渐渐地使我们缺钙的思想变得坚强。记住：一本好书，犹如一个生命的精华。

学习，掌握知识的加速器

7.学习切忌偏科

> 欲考复旦大学数学系，若语文不及格，数学再好也不能录取。
>
> —— 复旦原校长 苏步青

青少年在学习的过程中，一定得全面发展，切不可偏科。但是偏科、弱科在青少年身上不稀奇，而且现在很多青少年都有放弃某一科去主攻某一科的倾向。许多青少年在心理上"重理轻文"，以至于从上个世纪八九十年代在中学校园流传甚广的"学好数理化走遍天下也不怕"的名言到现在还是很有影响力。

从成功人士的调查来看，偏科还是应纠正的，坚持全面发展，会使人终生受益，可以提高自己的认识水平以及培养坚强的意志，因此加强对初中时期预防偏科的教育应该是非常有必要的。

学习，切忌偏科

偏科是指在学习中不能正确对待各门学科的学习。善学喜欢的学科，把主要精力集中于这门学科的学习，而忽视其他学科的学习，有的甚至放弃其他学科的学习。而事实上每门学科之间是相辅相成的关系。我国著名数学家、复旦大学原校长苏步青就曾针对偏科现象说过："欲考复旦大学数学系，若语文不

及格，数学再好也不能录取。"由此可见，不论是文科还是理科，都必须重视。

其实偏科也是一种正常现象，并不可怕，同学们对各门课程的兴趣不同，投入的精力不同，各科的成绩难免存在差别。一旦这个差别比较大，被人意识到了，便成了偏科。但学习中的偏科现象是一个客观存在的事实。每当学生们的学科出现"瘸腿"时，不知道让多少青少年着急。那么偏科现象是怎么形成的呢？

其实偏科是个老生常谈的问题，似乎没有什么智能和德行上的大问题，但是却有很大的杀伤力，使人无可奈何地输在水平线下。所以青少年应该知道，我们祖国的现代化建设需要的是全面发展的人才。但是个人的能力结构有其特点，这是常见的现象。这种偏科现象的原因却一直有很多，初中生特定的心理、生理以及课程的加重，家长、老师、接触的媒体和书籍的影响等，都会使孩子对某一学科产生偏好或厌倦的心理，进而逐渐形成偏科现象。

偏科有能力结构问题，更主要的是被心理因素所强化。一开始，学生出于本能对熟悉的知识是感兴趣的，而疏远那些不怎么喜欢的知识，但是到了考试时这种疏远便给你颜色看，成绩显然会比较差。就像有的学生从小就喜欢阅读，语言能力较强，加上小学时强化的写作训练，对语文情有独钟；有的同学头脑反应迅速，对理科问题解决起来轻松自如，对需要大量背诵、书写的文科则感到枯燥无味。特别是中考的指挥棒对学生学习科目的导向作用，使很多同学造成有意偏科，或是主动偏科。而一旦青少年形成了偏科现象，就会影响以后学习上的全面发展。

学习应纠正偏科

每一个青少年都应该努力克服自己的偏科现象，因为只有全面

发展的学生才是社会上真正需要的人才，社会需要的永远是复合型的人才，但是在纠正偏科的时候，一定要注意方法得当，才能收到意想不到的效果，否则将会适得其反。

其实青少年偏科的初期未必是真的偏科，可能只是因兴趣不同或者遇到困难而出现暂时性的偏科，有的学生是某一科的成绩相对比较突出，而其他学科成绩一般。像这种情况，要积极鼓励自己的优势科目，通过优势科目，树立信心，然后让自己认识到自己有学习好其他科目的能力；有的学生是文科或理科一方面突出另一方面较弱，这就要针对较弱的科目培养学习兴趣、改进学习方法。这对改正偏科是很不错的方法。

学会正视偏科重拾自信。这主要表现在学习态度上，有的同学对不感兴趣的科目，用在上边的时间不多，听讲不好，作业糊弄。而在感兴趣的科目上下得工夫更多，进而造成不同科目成绩上的差异。还有的同学某个科目总是学不好，久而久之就对这个科目产生了恐惧心理和排斥心理，成绩也就越来越下降。一旦学生出现了偏科现象，如果得不到正确的帮助和引导，往往越是偏科越容易走入厌烦甚至放弃该科的恶性循环。所以青少年如果发现自己有偏科现象，一定要及时改正并努力克服。

与此同时，还要能够对症下药，根治偏科症结。比如对于文科，就要从语文入手，让孩子有充分的时间阅读，培养对语文的兴趣，进而喜欢上写作；还有的学生是一科较弱，其他都较强，这解决起来就相对容易了。但要注意不能盲目地对孩子的弱势学科进行补习，过多的补习可能会加强孩子对该科的厌烦情绪。特别是大班的补习，针对性不强，可能效果并不佳，甚至适得其反。

除此之外，对已偏科的青少年来说，这个时候的偏科，往往是顽固性的或实质性的。由于有中考的淘汰限制，好的科目再想得到更高分，难上加难，而如果能在弱势科目中，增强知识的理解，往往会产生事半功倍的效果。正所谓越是落后的就越是潜力巨大的。对于弱势学科，一定要加强基础，保证自己能够会的题型的得分率。要加强应试能力的训练，找准考点及得分技巧。特别是对弱势科目的最薄弱环节的突破，往往带来单科成绩的突飞猛进，进而提高整体成绩。在整个学习过程中，青少年唯有全面发展才能得到社会的认可，否则后果是不可想象的，发现之后，及时改正是很有必要的。

8.学会在学习中发现快乐

> "生活中有两件事最使人觉得快乐，这两件事一是运动，一是学习。运动使人觉得自己精力旺盛，活力充沛；学习使人觉得自己有进步。这两者就是维持年轻，防止衰老的秘诀。"
>
> —— 罗兰

学习，确实是快乐的。子曰："学而时习之，不亦说乎？"你想当我们解开一道难题，长长地舒一口气，感到轻松的时候，谁说这不是一种快乐？当我们翻看以前所作的笔记，感到自豪的时候，谁说这不是一种快乐？当我们看着理想的考试成绩，感到骄傲的时候，谁说这不是一种快乐？其实快乐有很多种，有享受时的快乐，有自由时的快乐，还有就是学习的快乐。

其实，学习有苦的一面，也有甜的一面。作为青少年，不应该把学习当作黄连，而是把学习当作蜜糖，你就会发现——学习是一种快乐！在学习的快乐中慢慢长大！

学习是一种快乐

古代著名教育家孔子曾这样讲述自己对学习的感受："朝闻道，夕死可矣。"是啊，其实在学习中不是缺少快乐，而是缺少一

实践 让自己可持续发展

双发现快乐的眼睛，一颗感受快乐的心灵。什么是快乐？学习就是一种快乐。唯有不断地学习，才能让短暂的人生演绎出幸福快乐的乐章。

有人说学习是一杯苦水，苦涩难忍；有人说学习是一杯白水，缺乏激情。"学习是一种快乐"，在很多人看来，这句话也许有些空洞，甚至近似于一句口号，但它却是一个真理。如美国的爱默生所说："一切都是谜，一个谜的答案是另一个谜。"奥妙无穷的谜吸引着青少年的求知之心，引领着青少年不断地学习探究，而学习本身其实也是一种艺术、一种技能。其实学习是一杯咖啡，虽然苦涩无比，但是苦涩中微含着醇香，让人难以割舍。难以割舍它的甘甜，难以割舍它的浓烈，甚至难以割舍它的苦涩……

如何看待学习，这折射出一个人对待生活、对待人生的态度。培根也曾说过："读书使人完美，讨论使人机敏，写作则使人精确。""读史使人明智，读诗使人聪慧，演算使人精密，哲理使人深刻，道德使人高尚，逻辑修辞使人善辩。"

学习是学生的天职，不过要想取得学习的高效率——学习的成功，来自于自觉、勤奋、多思、多写、多练、多讲，还有一种快乐的心情。你有没有想过，清晨的第一缕阳光洒向美丽的校园，当你用双手推开她的大门时，你是否意识到你推开的不是一扇普通的门，而是一扇知识之门，一扇智慧之门。你是否感受到校园内弥漫的浓烈的知识气氛？仅仅是站在校园里，你就是在学习，就是在接受知识的熏陶，只要你有心。

青少年正是学习的好时段，因为学习是快乐的，当经过紧张的复习，考试取得了好成绩，感受到成功的喜悦，这就是学习的快乐。考试前总会有一种压力，考试后压力便无影无踪，感觉无法形容的轻松，这就是学习的快乐；同学们一起安静地坐在教室里，如饥似渴地从老师那里汲取神奇美妙的知识，这就是学习的快乐；当朗读一首优美的诗歌，欣赏诗歌中的美时，这就是学习的快乐；当

学习，掌握知识的加速器

遇到难题，经过苦思冥想，难题迎刃而解，这就是学习的快乐；认真地做完作业，痛快地玩，这便是学习的快乐……

青少年在学习前，一定要想到自己将会因为学到许多知识而感到十分快乐。因为学习时，想到自己正在老师的指引下步入神圣的知识殿堂，在书海里遨游，过去的智者正在一一跟我交谈，孔子、庄子、苏格拉底、柏拉图……把他们的智慧都灌输在自己的脑中。学习后，就会给自己交一份满意的答卷。想着自己学到的知识，总是快乐的。

学习，发现快乐

努力学习是快乐的，努力学习是学习取得成功的关键，而学习成功带来的快乐会促使学生更加努力地参与，更加积极地去体验，获得更大的成功，从而获得更大的快乐。

中国世界级的数学家陈省身曾经说过："数学好玩。"从这里可以看出，学习不仅不苦，而且是很快乐的。苦和乐永远是相对的，关键是你的态度，快乐学习是一种态度，一种境界，一种追求。想一想，老师从容地走向讲台，传授知识，揭示那些未知的答案。然后每一位学生都在认真地听讲，积极地配合，与老师一起在知识的旅途中奋勇前进。一路上，不知不觉的，自己的头脑中装满了令人欣慕的知识，难道这不是一种快乐吗？知他人之知，解他人之不解。

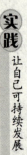

作为青少年，当前，我们的紧迫任务就是要做好高考的准备工作。在这个阶段，如果我们能认真上好每一堂课，认真完成老师布置的作业，那么学习一定会成为我们所喜欢的一种游戏，在其中尽情地畅游、嬉戏，那么我们会越发地爱上它，即使遇到困难也会勇往直前，下决心去战胜它。那时，学习将不会再是你的包袱，不会给你带来压力，反而会给予你动力，给你学习的激情。

　　无独有偶，学会学习是快乐的。未来学家说过："未来的文盲不是目不识丁的人，而是不会学习的人。"取得学习成功没有捷径可走，只有科学的、合理的方法。所谓好的学习方法是指那些最适合你的学习方法，而最简单的、最普通的，可能也是最有效的。学会了学习，你就会感到无比的快乐。学习，能使人生变得更加丰富多彩。让我们将快乐栽种于心田，始终将学习放在首位，孜孜以求，享受着学习带来的快乐。我们的心境也会盈满幸福、宁静与安详。

　　没有人天生就不爱学习，只是有很多人暂时还没有从学习中找到乐趣，不知道学习对人生的重要性。在人短暂的一生里，充满了逆境与困难。没有人能够绕道前行，唯有终生学习才能开阔心胸，让自己做好准备，应对各种挑战及挫折。

学习，掌握知识的加速器

第三章　做理想的实践者
——行动，放飞梦想的原动力

勇于实践，梦想从这里起飞！

成大事者皆有志，成大事者亦具恒，成大事者更具有坚定不渝的行动。

能使青少年为之奋斗的是理想，而实现理想所必需的是行动。一位寓言家说得好："理想是彼岸，现实是此岸，中间隔着湍急的河流，行动就是架在两岸的桥梁。"青少年所需要的正是一份坚持不渝的理想信念，这种信念下的坚定的行动，才能使我们一步步接近于心中理想的殿堂。

1.养成边干边实践的习惯

> 中国留学生学习成绩往往比一起学习的美国学生好得多，然而十年以后，科研成果却比人家少得多，原因就在于美国学生思维活跃，动手能力和创造精神强。
>
> —— 杨振宁

爱迪生说："不下决心培养思考习惯的人，便失去了生活中最大的乐趣。"克雷洛夫也说过：伟大不只在事业上惊天动地，他时常不声不响地深思熟虑。中国古代伟大的思想家、教育家孔子也说："学而不思则罔，思而不学则殆。"学与思从根本上来说是不可分的。思考是学习过程中很重要的一部分。

从某种程度上说成功始于个人的想法，仔细想一想，到底是谁生下来注定了会成功或失败，每个人都一样被平凡地生下来，又为什么会成功呢？因为随着你长大后有了思想，每个人的思想不同，造成每个人的行动就不同，命运也就不同了。所以，成功始于你的想法。但是要想获得最终的成功，就要边想边实践。这样才能让你尽快地尝到成功的甜果。

在想的过程中，千万要拿出自己的一个小小的行动，如此这般地坚持下去，你的明天就会与众不同。最可怕的是不行动，持续不行动的人，你的明天会比现在更糟。

想去做一件事时，要尽快地将自己的想法落实到行动中。如你

行动，放飞梦想的原动力

要去买一本书，看一个朋友，听一场研讨会，打一通电话都可以，每一项行动都会达到某种结果，而许多的结果也就不断在人生中实现了，而命运就是这些结果堆积而成的。所以，命运是你现在的思想与行动造成的。

做实践的巨人

中学生不管是在生活中还是在学习中都不要做思想的巨人，行动的矮子。在新世纪中，学习，特别是终身学习，是中国社会全面进步与发展的大问题。但是传统的教育与培训方式明显已滞后于时代的需求，大多数学校的教育一般注重学生的成绩单，不注重学生的实际创造能力与实践能力。所以，中学生在学习中要自觉地培养自己的实践能力，养成边学边实践的好习惯。

此外，中学生也要明白学习过程不只是单向的灌输，而是双向、多向的交流，知识和经验的充分分享使学习成为生活中一种愉快的经历。

传统的教育与培训在培养精英的同时，也培养了更多的失败者，使这些人成为学习成绩面前的自卑者，但如果能养成边想边实践的习惯，他们就会唤起自己久违的自信与学习兴趣。

所以，在学习中除要重视知识接受外，更要重视学习与实际效果的结合，在工作中学习、在学习中实践，让学习成为一种常态而不是额外的负担。

当你的思想改变后，紧接着就下决定去采取行动，即将思想纳于现实的实践中。很多人有积极的想法却没有积极的行动，这些人只是在为他的未来画一个梦，但是从来拿不出一个新的行动去改变，这是因为他习惯了旧有的行为。

此外，在学习中养成边学习边实践的习惯，就要将自己融入团体中，在集体中发挥自己的聪明才智。

实践 让自己可持续发展

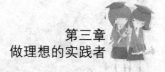

生活中不乏有这样的一些人，他们天天想着要成功，却没有做应该做的事，计划了半天也提不起行动的力量，结果一点用都没有。

当行动学习越来越深入人心的时候，很多人就会发现行动学习让"学习"回归到了"学习"的本原意义，"学习"等于"学"加"习"。学习的价值在于实践，在于行动。

人的一生是一次旅途，一次没有彩排也不能重复的旅程。哲人说：人生是丰富的。诗人说：人生是美丽的。可是，在各自短暂的生命历程中，同样交织着矛盾与痛苦，遍布着荆棘与坎坷。渺小或伟大，贫瘠或丰富，失意或快乐，全靠自己来想象、设计、创造、书写。求知、思考、行动，自己只有真实地行走在生命的旅途上，才会真正享受到人生的乐趣。

今天就为你的梦想付出一个行动，小小的行动也可以，只要是对你的未来有帮助，都可以去做，做完后，明天再做一件简单的事，一天一天下来，养成勤于实践的习惯，一件一件事情逐一完成，这就是圆你的梦，而不只是做梦而已。

圆梦取决于你的实践

人类进入 21 世纪，知识经济的时代已经来临。知识经济时代的竞争，说到底是人的素质与能力的竞争。在这样的时代里，能力已成为一种不折不扣的资源，是资本，是财富，更是无价之宝。而能力的来源就是通过自己不断地学习与实践积累来的。

所以，中学生在学习中，要不断地将书本知识与实际动手能力结合起来，使自己的知识能力与实际能力同时提高。

你所有一切懂的、会的、知道的有多少？每一个人都不确定，但唯一可以确定的是个人在现实中所发挥的能力，你实践的知识绝对是你所拥有的，谁也抢不走，你有绝对的所有权。

行动，放飞梦想的原动力

所以，中学生朋友们要明白：你看过的书，学过的方法不去运用，根本等于白念！白学！除非你开始使用这些观念。

当今社会风云变幻，成功机会转瞬即逝，你们也要理智地、身体力行地分析现状，果断采取行动，坚定付诸行动的决心和不断超越现状的执著追求，并由此向成功宣战。因此自己要一遍一遍重复这句话。每当清晨醒来时，要力求使自己默诵这句话，然后开始行动。

每个人都渴望成功，渴望快乐，渴望心灵的平静。但要得到这些除非行动，否则自己将会在失败、不幸中煎熬。

2.空想是成长中最大的敌人

> 当心啊,年轻的舵手,别让你的缆绳松了,别让你的船
> 锚动摇,不要在你没发现以前,船就漂走了。
>
> ——卢梭

盖斯科因说过:在高空中建造的楼阁决不会有坚实的基础。这里所说的空中楼阁就是所谓的空想。它虽然也是人们对未来的一种想象,也反映了人们一定的追求,但它是缺乏客观根据的,是脱离实际的一种主观臆想,是主观臆造的产物,缺乏现实基础,而且又违背事物发展的客观规律,因而它也是永远无法实现的。空想是不能实现的想象或计划。如果一个人永远沉浸在空想中,就会像只迷失方向的糕羊,会让人白白地浪费青春,因而它是中学生成长中的大敌。

中学生要想不让空想成为成长中的大敌,就要弄清理想与空想的区别。理想是有计划地行动的一种思想观念,是需要逐步去实施的自己的心中蓝图。空想则是生活当中偶然心血来潮的一种想法,虽然空想的意境有时候远远超越了有步骤的理想,却终归流于幻觉。这是两者的根本区别。

行动:放飞梦想的原动力

空想不是理想

现实生活中的理想是建立在现实基础上，经过努力有实现可能的设想，即关于未来的有可能实现的目标。它是人们对现实中客观事物发展的未来可能性的反映。它具有时代性、阶段性、实践性、超前性，而空想就是对未来目标的种种不切实际的设想。

空想的念头是仅仅会在内心时不时的热血沸腾，可现实当中，身体却没有接受灵魂的最高指示，去热火朝天地奋斗，总是时不时地忙里偷闲，无法克制心灵的惰性。于是很多理想就成了空想，假如一个偶然的空想，而能够努力地去奋斗，并坚持不懈，亦能成为一个能够实现的理想，尽管想象中的一种蓝图与现实的差距很大，但是能坚持，那么就有希望，心动而能行动，那么空想也会得到实现！

空想是由人们的愿望和社会需要所引起的对于美好未来的特殊想象。那些不符合实际，不存在实现可能性的幻想，只能是虚构的想象，会成为有害的空想。有的幻想符合现实生活的要求，有实现的可能性，表现为现实的奋斗目标。这类幻想有助于激发人们展望未来，拓宽思路，克服前进中的困难。所以，中学生们制定自己的理想时要贴近现实，彻底将理想与空想区分开来。

制定理想时要以现实的物质为基础，而且还要使理想能够落实到自己现实的生活中，使理想成为每天生活的动力，指导自己每天行为的源泉。只有这样理想才能称之为理想，才能很容易地去实现它。

中学生正处于人生思想活跃的时期，由于没有实际的人生经历与社会阅历，对未来不免会充满一些不着实际的幻想，要知道，理想不是空想，是需要经过自己实际努力才能实现的人生目标。

所以，中学生在树立自己的理想时，不能好高骛远，脱离现实基础和条件，要知道"千里之行，始于足下，万丈高楼，起于垒土"。任何美好理想的实现都应该脚踏实地，从我做起，从现在做起，努力学习就是青少年今天的主要任务，是实现更高理想的必经之路，无论外面的世界多么精彩，都要耐住寂寞，为实现目标克服一切困难，不动摇，不松懈，要相信"精诚所至，金石为开"。只有以现实为基础的理想才更容易取得成功。

没有行动的理想也是空想

行动是成功的基石，再好的计划，再美丽的蓝图，多么周密的设想，如果不付诸行动，永远是空中楼阁。从一定意义上说：行动才是成功的基石。没有行动的理想也只是空想。

想一千遍，不如前进一步，一步一个脚印。要有脚印，有行动，即使不成功，即使还没有成功，都要一件一件地去做。

不要空想成功。任何一个愿望都有实现的可能，把这个可能变成现实就需要你付出努力，很多人付不出这个代价，只好让希望成为泡影。行动是很实际的一件事情，就像愚公挖山一样，每天挖山不止，最后才可能搬走阻碍你向前的大山。

要成功，就要记住下面的想法：切实执行自己原来的创意，除非你身体力行，否则再好的创意也不会有收获。中学生中最最悲哀的一句话就是：我当时应该那么做而没有那么做。

要成功就要尽快行动，珍惜时间就是胜利，时间是上帝送给人类的礼物，但它又以生命为代价。有这样一个故事：年轻的国王登基后急于公正地统治他的国家，便广招天下智者搜集智慧并成书，30年后汇编了5000本，国王专心治国，无暇阅读这么多的书，命令浓缩。15年后的500本国王仍嫌多。几年后又精简为50本，但国王已是老眼昏花，精力不济，命令编成一本书。5年后，等智者们将他们辛苦的成果进献给国王的时候，他们的国王已是奄奄一

行动，放飞梦想的原动力

息，再也没有时间读这本书了。如果他一点一点地坚持读下去，就可能会收获很多。

要永远记住：今天是自己的所有。明天是为懒汉保留的工作日，自己不要懒惰；明天是弃恶从善的日子，同时，明天是弱者变成强者的日子，自己并不软弱；明日是失败者借口成功的日子，而自己不要做一个失败者。

追求成功不能等待。如果自己迟疑，成功就会投入到别人的怀抱，永远弃自己而去。所以说，要成功就要立即付诸行动，别让理想成为成长中的空想。

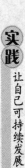

3.理想+行动=成功

> 人生就是一部作品。谁有生活理想和实现它的行动，谁就有好的情节和结尾，谁便能写得十分精彩和引人注目。
>
> —— 莎士比亚

成功始于理想，而成于行动，这是千百位成功者总结出来的结论。首先，要成功就要先有自己的理想。

诗人流沙河先生有这样几句诗："理想，使你微笑地观察着生活；理想使你倔强地反抗着命运；理想使你忘记鬓发早白；理想使你头白仍然天真。"在人生的道路上，必须给自己树立人生的目标——理想。可是，如果连自己将来要做什么都不知道，那么，他就不会搭上通向未来成功的快车。所以，理想是人生腾飞的翅膀。

北宋文学家苏轼指出："下未有其志而无其事者，亦未有无其志而有其事者。事因志立，立志则事成。"而这里所提及的志即为理想。但是人生不是一场空想的梦，而是一次长途的行动，所有的路都要靠自己去行动。

有了理想后，就要对自己的理想付诸行动，中学生朋友们要知道：成功不是等待，起而行动，方能平定心中的惶恐。现在就去行动，即使行动不会为你带来快乐的成功。"千里之行，始于足下。"行动是实现目标的唯一途径。如果你不采取任何行动，即使成功的

行动，放飞梦想的原动力

果实就在你附近，你也采不到。成功是一把梯子，双手插在口袋中的人是爬不上去的。

理想是成功的动力

理想是人们对未来美好前景的一种憧憬。为了理想而奋斗，再苦再累也乐在其中，一个人如果不知道自己将来要驶向哪个码头，那么，任何风对自己来说都不会是顺风。作为一个中学生，生活要想过得充实有意义，就要拥有一双腾飞的翅膀。因为只有胸怀远大的理想，才有前进的动力与方向，才会按照自己的人生目标，自觉地调动自己的行动，不达目的，决不罢休。理想虽然是虚幻的，但它是人生的指导。人生只有树立自己的理想与目标，学习和生活才会有动力、有希望。

中国有句名言"行船靠舵，赶车靠鞭，人靠理想"。理想在我们的人生道路上不是可有可无的装饰品，而是一个思想的寄托，生活的目标，生命的动力，有了理想，就等于有了灵魂。把理想看作引导自己展翅翱翔的光体，是吸引自己定向发展的磁力，理想造就坚定的信念，凭着这份坚定的信念，化作飞翔的羽翼，飞向灿烂的天空。

一粒种子，可以无声无息地在地下腐烂，也可以长成参天大树；一个风筝，可以让它一动不动地尘封在屋子里，也可以让它在天空自由地翱翔；而一个人可以碌碌无为地在世上得过且过，也可以让生命发出耀眼的光芒。这一切的成功与失败，关键在于我们对人生的态度，对理想的追求。

昔日夸父敢与太阳竞走，敢于为理想而战，这是何等的悲壮，升华的精神所散发的光芒直逼人的心魄。人生匆匆，靠的就是一份向命运挑战的勇气，一份坦然面对人生的勇敢，夸父留给我们一个追求的背影，红日的光辉固然灿烂，但夸父追日留给世人的精神也

实践 让自己可持续发展

毫不逊色，能与日月争辉，拥有了这份精神，就能创造心中的太阳，照亮前面的路，走向更美好的明天。

没有比人更高的山，没有比脚更长的路。路就在自己的脚下，命运就在自己手中。同学们，在这追逐梦的季节，让我们把握生命中的每一刻，放飞理想的翅膀，去追求，去创造，去奋斗吧！

让自己树立一个远大的理想，走到窗前放飞它，然后用今天的努力，明天的勤奋，后天的付出去奋力追求它！

成功始于"心动"，成于"行动"

人生是要靠理想去支撑的，但成功的道路是要用行动去铺就的。行动是成功的阶梯，没有行动自然不会有成功，而行动越多自然会获取更多，也就会登得越高。中学生也许都听过"千里之行，始于足下"这句话，可是真的踏下这一步时，却常常忘了提醒并鼓励自己拿出行动。要知道：一张地图，不论它多么详尽，比例多么精确，它永远不可能带着它的主人在地面上移动半步。任何宝典，永远不可能从它的字里行间就倾倒出财富。只有行动才能使地图、宝典、梦想、计划、目标具有现实意义。行动，像食物和水一样，能滋润自己，使自己成功。

记住，你过去是什么样的行为，并不表示未来也须继续下去，如果你想改变目前的状态，就要现在拿出点行动来。

萤火虫给我们的启迪是：只有振动翅膀的时候，才能发出光芒。要成为一只萤火虫，努力张开奋进的翅膀，用光照亮大地。成功是用自己的双脚踩出一条属于自己的路，路要自己去踩，自己不走，叫别人走，走出来的路不属于你；跟在别人后面走，其实是替别人走路。用自己的双脚踩出一条路来，才叫成功。流自己的汗，吃自己的饭，走自己的路，要采自己的果，将自己的目标付诸自己的行动。

行动，放飞梦想的原动力

中学生要明白：不要将今天的事留给明天，即使自己的行动不会带来快乐和成功。但是行动的失败总比坐以待毙好。行动也许不会结出快乐的果实，但是没有行动，所有的果实都无法收获。

成功是沿着正确的航向抵达彼岸，人生的旅途是从选定方向开始的，许多人埋头苦干，到头来却发现成功的阶梯搭错了方向，但为时已晚。人生的航船须不断校正航向，永不偏离航向，这样，纵然风浪再大，终究会直抵理想的彼岸。

立刻行动，立刻行动，立刻行动！从现在开始，要学会一遍又一遍、每时每刻重复这句话，直到成为习惯。好比呼吸一般，好比眨眼一样，成为一种条件反射。有了这句话，你就能调整自己的情绪，去迎接和挑战失败。

要努力就要从现在开始，无限风光就在眼前！从现在开始努力，并时刻告诫自己：决不可坐以待毙，守株待兔。因为大好的机遇，从来都垂青懂得珍惜生命和把握现在的人！

实践
让自己可持续发展

4.说到不如做到——立即行动

> 面对悬崖峭壁，一百年也看不出一条缝来。但只要尽快地下定决心，用斧凿，能进一寸进一寸，得进一尺进一尺，不断积累，飞跃必来，突破随之。
>
> ——华罗庚

英国首相本杰明·狄斯累利曾指出，虽然行动不一定能带来令人满意的结果，但不采取行动就绝无满意的结果可言。

因此，如果你想取得成功，就必须先从行动开始。一个人的行为影响他的态度，行动能带来回馈和成就感，也能带来喜悦。

说得再多也不如行动，行动是成功最有力的保障。

日常生活中有很多人，在开始时都拥有很远大的梦想，只是他们未采取行动去实现这些梦想，缺乏决心与实际的行动，于是梦想开始萎缩，种种消极与不可能的思想衍生出来，甚至就此不敢再存任何梦想，过着随遇而安、乐天知命的平庸的生活。

世上最可悲的一句话就是："我当时那么想，但我却没有那么做。"经常会听到有人说："如果当年就开始那笔生意，早就发财了!"一个好创意胎死腹中，真的会叫人叹息不已，永远不能忘怀。如果真的彻底施行，当然就有可能带来无限的满足。

中学生朋友们，你现在已经有一个好愿望，想到一个好创意了吗? 如果有，马上行动。

行动，放飞梦想的原动力

立即行动，抓住成功

成功者凡事都立即行动，因为他凡事立即行动，所以他成功，不管事情如何，想到了就去做，计划好了就行动，做失败了总比不做好。

看到这里，你想做什么就去做吧！去做一个简单的行动，养成凡事不拖延的习惯，从什么时候开始？现在，接下来的一秒就去行动。

有一个很落魄的青年，每隔三两天就到教堂祈祷，第一次，他来到教堂跪在圣坛前，虔诚地低语："上帝啊，请念在我多年敬畏您的分儿上，让我中一次彩票吧！"每次来到教堂中他都用这一句相同的祷词，没有任何的改变。

几天后，他又垂头丧气地回到教堂，同样跪着祈祷："上帝啊，为何不让我中彩票呢？请您让我中一次彩票吧！"又过了几天，他再次去教堂，同样重复着说："我的上帝，为何您听不到我的祈求？让我中彩票吧！只要一次就够了。"就在这时，圣坛上突然发出一个洪亮的声音："我一直在垂听你的祷告，可是，最起码你也该去买一张彩票吧！"

其实，在做一件事之前，很多人都会想：现在已经万事俱备了吗？结果在绝大多数时候他们都放弃了最初的想法，因为他们发现所拥有的有利条件实在太少了，在一步步说服自己放弃的同时连最后的想法都会失去。

上面的这个故事告诉我们：一旦有了梦想，就必须用行动去实现梦想。如果有梦想而没有努力，有愿望而不能拿出行动来实现愿望，这是不足以成事的。只有下定决心，历经学习、奋斗、成长这些不断的行动，才有资格摘下成功的甜美的果实。

通常每一件事到了不得已的时候，人才愿意行动，但到时候都已来不及了，已预示着一个失败者的诞生。

实践

让自己可持续发展

立即行动，不要拖延

一旦确定自己的目标后，就要立即行动，不要养成拖延的习惯，否则很多美好的机会将会错过。拖延这个习惯实在太可怕了，它总是悄悄地、不知不觉地侵入你的心灵，而且人们总是那么容易接受它，因为它看起来外表那么迷人。但，殊不知一旦你开始拖延，通常就会一直拖延下去，而且每一件事都习惯拖延。

中学课本上有这样一个故事，想必不少中学生都看过。

在西部边远地区有两个和尚，其中一个贫穷，一个富裕。

有一天，穷和尚对富和尚说："我想到南海去，您看怎么样？"

富和尚说："你凭借什么去呢？"

穷和尚说："一个水瓶、一个饭钵就足够了。"

富和尚说："我多年来就想租条船沿着长江而下，现在还没做到呢！你凭什么去？"

第二年，穷和尚从南海归来，把有关南海的事告诉富和尚，富和尚深感惭愧。

就像吸食毒品一样，沉溺其中却无法自拔，拖延的人也一直知道这样不好，却一直享受着拖延事情的短暂快乐。

中学生朋友们，你是不是有时害怕被拒绝而不敢在课堂上发言呢？你是不是怕黑，所以晚上不敢出门；有的人怕高，所以不敢临绝顶览胜景；有的人怕失败，所以不敢创业。

克服恐惧最快的方法就是去做它，很多事情做之前很可怕，做了之后恐惧的心理反倒消失了，也不那么可怕了。

看起来好像有点矛盾是吗？因为想象的恐惧往往比实际的恐惧更可怕。所以做你惧怕的事，你惧怕的心理将会消失不见，"当我恐惧的时候就是我该行动的时候了。"安东尼·罗宾这样说。

要使美梦成真的唯一途径就是去实践它，只要定位清晰，目标

行动，放飞梦想的原动力

明确，那么当你投入一分心力，也与成功愈近一步。要记住：行动是通往成功的唯一途径。

只要有了梦想，就要立即行动，如果只有梦想而没有实际行动，只能停留在梦想上而没有丝毫的进步！

有梦想就要去实现，不要只是想着，因为想永远无法帮你实现，想也只是空想，不如更实际点，先做了再来想吧！

5.为自己确立一个合适的目标

> 成功就是一个人事先树立的有价值的目标，然后循序渐进地变为现实的过程。
>
> —— 格莱恩·布兰德

美国成功学家拿破仑·希尔在《一年致富》中有这样一句名言：一切成就的起点是渴望。一个人追求的目标愈高，他的才能发展得就愈快。一心向着自己的目标前进的人，整个世界都给他让路。希尔认为，做什么事要想成功，都必须先确立一个适合自己的目标，当对目标的追求变成一种执著时，你就会发现所有的行动都会带领你朝着这个目标迈进。

在生活中，有不少人有一个大致的方向，但这个所谓的目标缺乏明确性，于是，他们的生活就像地球上的蚂蚁，看起来很努力，总是不断地在爬，然而却永远找不到终点，找不到目的地。同样，在生活中即使有了目标，如果自己设定的目标不适合自己，单凭空想出来，那么你的活动就没焦点，也会使你白费力气，得不到任何成就与满足。

作为一名中学生，生活与学习中如果有了明确的并且适合自己的目标，就会让自己的行动有所适从，否则没有一个明确的目标，自己在生活中就会像无头苍蝇一样到处乱窜。当自己有了适合自己特点的目标时，也就有了使自己不断前进，不断成长，不断开创新天地，发挥创造力的动力。

行动，放飞梦想的原动力

成功始于合理的目标

戴尔·卡耐基说："我们对小事情的注意，是指要从大处着眼，从小处入手，眼光放得远大，理想必须远大，但是我们的工作，却要从完成细小的目标开始。"

而中学生在日常学习与生活中一定要确立明确的目标，投入实际的行动中，才能获得成就感与满足感。也就是说每个阶段的目标都要结合自己的实际情况而定。要制定适合自己的目标首先就要善于发现自己是什么样的人，搞清楚自己的真正需要，树立起明确的目标，并培养出强烈的动机与热情，朝你心中向往的那个方向前进。

记住：这是你自己的目标与挑战，与其他任何人都无关，你必须面对现实，在认识自己的基础上设定自己的目标。

中学生朋友们，你们现在可以找几张纸，写下自己的目标，可让目标更具体可行，而不只是飘浮在脑海中的空想而已。毕竟，一个停留在脑海中的想法，一不留神就会被其他的事情所代替；如果能写在纸上，则成为一个无处不在的提醒，要求自己投注精力，并且随时留意自己的进度。

制定目标要有原则

为制定适合自己的目标，要遵守以下原则：

首先，目标应该是明确的。有些人也有自己奋斗的目标，但是他的目标是模糊的、泛泛的、不具体的，因而也是难以把握的。在实行的过程中，自己所制定的目标不能很好地指导自己的行动，这样的目标同没有差不多。拿破仑·希尔在《思考与致富》一书中写道："一个人做什么事情都要有一个明确的目标，有了明确的目标

便会有奋斗的方向。"

比如，一个中学生在校期间就确定了自己将来要做一个科学家的目标，这样的目标就不是很明确。因为科学的门类很多，究竟要做哪一个学科的科学家，确定目标的人并不是很清楚，因而也就难以把握。

目标就是力量，奋斗才会成功。古今中外凡在智能上有所发展、事业上有所成就的人，无不有着明确而坚定的目标。

第二，目标应该是实际的。中学生正处于成长的时期，对各方面都充满了好奇，思想也较活跃，制定的目标也难免会不合实际。但要知道如果目标不切实际，与自己的自身条件相去甚远，那就不可能达到。为一个不可能达到的目标而花费精力，同浪费生命没有什么两样。人们做事情的时候，往往会设定一个目标，因为每个人都有某种期待。但是，当一个人设定的目标太大，有了较大的期望值之后，如果没有办法实现，就会感到失望，甚至因此无法继续下去。人需要很多的、不断的正面影响，在获得了一个个小阶段的成功后，才有信心往前走。

第三，适合自己的目标应该是专一的。一个人确定的目标要专一，而不能经常变换不定。确定目标之前，需要做深入细致的思考，要权衡各种利弊，考虑各种内外因素，从众多可供选择的目标中确立一个适合自己的。

中学生在学习过程中，在不同的学习阶段也应该设定专一的目标，因为毕竟人的精力是有限的。如果目标过多会使自己无所适从，忙于应付。生活中有一些人之所以没有什么成就，原因之一就是经常确立目标，经常变换目标，所谓"常立志"者就是这样一种人。

第四，目标应该是具体的。中学生在确定目标时不能太过宽泛，而应该确定在一个具体的点上，特别是确定自己学习上的目标时，一定要具体，每个阶段弄清楚自己要完成什么样的学习任务，

行动，放飞梦想的原动力

自己通过怎样的努力要达到什么样的结果，都要明确。

这也如同建造一座大楼一样，图纸设计不能只是个大概样子，或者含糊不清，而必须在面积、结构、款式等方面都是特定和具体的。目标应该用具体的细节反映出来，否则就显得过于笼统而无法付诸实施。

第五，目标应该是长期的。虽说千里之行始于足下，但是一个人要取得巨大的成功，就要有长期的目标，要有长期作战的思想与心理准备。任何事物的发展都不是一帆风顺的。世界上没有一蹴而就的事情。有了长期的目标，就不要怕暂时的挫折，也不要因为前进中有困难就畏缩不前。中学生朋友们一定要明白：远大的理想，不是一朝一夕就能做到的，需要持之以恒的精神，必须付出时间的代价，甚至一生的努力。

第六，目标应该是远大的。高尔基说："一个人追求的目标越高，他的才力就发展得越快，对社会就越有益。"目标有大小之分，这里讲的主要是有重大意义的目标。只有远大的目标，才会有崇高的意义，才能激起一个人心中的渴望。一个人确定的目标越远大，他取得的成就就越大。

人生中有许多东西我们无法改变，但可以选择。当给自己做出一个合适的目标时，就可以在自己的人生旅途上少走弯路，从而有所建树。

实践
让自己可持续发展

6.永不放弃自己的追求

一心向着自己目标前进的人，整个世界都给他让路。

—— 爱默生

一个人具备了执著的信念，才有资格成为自己命运的主宰者，这世上也只有具备强大坚持力的人才能拥有一切，才能达成终极的成功。

大凡成功者的字典里都没有放弃、不可能、办不到、没法子、成问题、行不通、没希望、退缩这类愚蠢的字眼。他们在奋斗的过程中，都是尽量避免绝望，一旦受到它的威胁，他们就会立即想方设法向它挑战。

要想成功，要想与众不同，要想创新就不能在乎别人如何看你：地球是圆的，对吗？当然对，谁也不会否认。这是谁最先提出来的呢？是伟大的天文学家哥白尼发现的，他提出"地圆说"时，被人们当做疯子，"地怎么可能是圆的？那走路不就站不稳了吗?"当时他甚至被国王以"妖言惑众"的罪名判刑。

大画家梵高也被当时的人们认为是一个疯子。不仅仅是他们，世界上的每一个伟人在刚刚开始时，都被视为异类。因为他不平凡，当然不被平凡人理解，因为他与众人不一样，所以他会发展成为伟人。而一般人与一般人都一样，同样是一般人的想法。

所以，当你被周围的人视为疯狂的时候，你几乎已经开始成

行动，放飞梦想的原动力

功了。但是一般人太在乎别人如何看他，害怕别人对他的批评，他在想法与行为上，当然处处受限制，如何能成功呢？所以，在面对众人对你的讥讽与嘲笑时就坚持自己的原则，说不定下一步就是成功。

成功等于永不放弃

有一句话叫"志不坚者智不达"，这句话非常有道理。伟大人物之所以伟大，最关键的就是其具有坚强的意志，他们的目标一旦确定后，就会坚持自己的理想，直到成功为止。正如发明家爱迪生所说："伟大人物最明显的标志，就是他坚强的意志，不管环境变换到什么地步，他的初衷与希望仍不会有丝毫的改变，而最终克服困难，以达到预期的目的。"

意志是为了达到既定目标而自觉努力的心理能力。在心理学上，健康人格可以划分为智慧力量、道德力量、意志力量三种人格力量。坚强的意志正是成功的核心品质。正如郑板桥在《竹石》一诗中对意志所做的生动形象的解释："咬定青山不放松，立根原在破岩中。千磨万击还坚劲，任尔东西南北风。"这种意志虽然不是写他为了自己的理想永不放弃，但同样的，追求自己的理想就要有这种"咬定青山不放松"的坚强意志。

英国前首相本杰明·狄斯累利原本是一名并不成功的作家，出版数部作品却无一能给人留下深刻印象。文学上的失败让他认清了自己，几番周折后，他决定涉足政坛，决心成为英国首相。他克服重重阻力，先后当选议员、下议院主席、高等法院首席法官，直至1868年实现既定目标成为英国首相。

本杰明·狄斯累利成功后，有人问他成功的秘诀，对此，在一次简短的演说中狄斯累利一言以蔽之："成功的秘诀在于坚持目标。"明确而坚定的目标是赢得成功、有所作为的基本前提，因

实践
让自己可持续发展

为坚定目标的意义，不仅在于面对种种挫折与困难时能百折不挠，抓住成功的契机，让梦想一步步变为现实，更重要的还在于身处逆境能产生巨大的奋进激情，使自己的潜能得到最大发掘与释放。

爱默生说："一个伟大的灵魂要坚强地生活，也要坚强地思想。"他就是用这句话来警示人们要远离脆弱，多一些挺进的勇气和思想的韧劲。爱默生的思想环境其实比我们好得多，但他还是感到没有坚强的意志就难以坚持自己的追求。

他认为，一个人要坚定地走自己的路，要情愿忍受苦难地走自己的路，这样才不会在世俗面前庸俗下去。何况，人在思想旅途中又常常会"气馁、彷徨"。面对困难，如果思想上缺少韧性，就会从挑战、质疑、叩问中变成迎合、俯就、媚俗，完全失去创造者高贵的特征，生命也就不再具有质量。

《世界上最伟大的推销员》的作者奥格·曼狄诺写道：我不是为了失败才来到这个世界的，我的血管里也没有失败的血液在流动，我不是牧人鞭打的羔羊，我是猛狮，不与羊为伍。我不想听失意者的哭泣，抱怨者的牢骚，这是羊群中的瘟疫，我不能被它传染。失败者的屠宰场不是我命运的归宿。

挫折是前进的动力

既然目标已定，便应该风雨兼程。林肯挂在墙上的名言是：我要朝着我的目标前进，攻击我的言论将会一钱不值。如果我要看攻击我的言论，我将一事无成。

泰戈尔说："如果说失败是成功之母，那挫折是前进的动力，让我们在人生的长途上，勇于高歌，只有经历地狱般的磨炼，才能炼出创造天堂的力量；只有流过血的手指，才能弹出世间的绝唱。"

中学生朋友们可能都读过古希腊神话中西绪弗斯的故事。西

行动，放飞梦想的原动力

绪弗斯因为在天庭触犯了法规，被天神惩罚，降到人世间来受苦。天神对他的惩罚是让他推一块石头上山。每天，西绪弗斯都费了很大的劲把那块石头推到山顶，然后回家，可是，在他回家时，石头又会自动滚下来，于是，西绪弗斯又要把那块石头往山上推。这样，西绪弗斯所面临的是：永无止境的劳作又永远止境的失败。天神对西绪弗斯的惩罚，就是要折磨他的心灵，使他在"永无止境的失败"命运中，饱受苦难。但他就是坚持自己的追求，绝不轻言放弃。

西绪弗斯在前进的过程中始终不肯认命。他也没有被成功和失败的圈套困住，他认为推石头上山的过程本身就很有意义，只要把石头推上山顶，总有一天它会停下来的，况且每一次推石头到山顶，都是对自己意志的一次检验。

从这以后，天神终于没有办法再惩罚西绪弗斯，就召他回了天庭。西绪弗斯终于赢得了胜利。他的全部秘诀只有两句话：不屈不挠，坚持到底。这也是让生命过程获得美感的最好选择。

实践
让自己可持续发展

7.坚持到底就是胜利

> 有志者事竟成，破釜沉舟，百二秦关终属楚；苦心人天不负，卧薪尝胆，三千越甲可吞吴。
>
> —— 蒲松龄

中国古代的思想家荀子说过："骐骥一跃，不能十步；驽马十驾，功在不舍。锲而舍之，朽木不折；锲而不舍，金石可镂。"凡事只要坚持下去就有胜利的希望。马云也说过：今天很残酷，明天更残酷，后天很美好，多数人死在明天晚上。马云在很多场合说过这句话，有一天女儿听到后马上解读说："他的意思是要坚持。"很对，坚持到底就是胜利。

生活中我们会遇到很多的困难和挫折，人人都知道坚持的道理，但真正能做到坚持的有几人？所以成功的人永远是少数。

坚持，是人生第一竞争力，是任何其他所谓"人生技巧"、"制胜法门"都代替不了的力量，是成就任何事情的基础。是人生创造奇迹、改变命运、战胜困难、克服阻力、走向成功的不可代替的法宝。从一定意义上说，人类所有的成功，几乎都是坚持的结果；人类所有的竞技，几乎都是坚持的力量；人类所有的创造都是坚持的作用；人类所有的美好品质，都需要坚持去修炼。世界上没有什么能与坚持的力量相比，也没有什么力量能使坚持变得徒劳，更没有什么可以诋毁改变坚持的价值。

行动，放飞梦想的原动力

坚持就是胜利

上个世纪 70 年代，世界拳王阿里因体重超过正常体重 20 多磅，因此速度与耐力大不如以前，他也因此面临着告别拳坛的厄运。这对于他来说是个无比沉重的打击。

那一年，几年未登拳台的阿里又一次登上了拳台，与他对决的是另一个拳坛猛将。在进行到第十四回合时，阿里已经精疲力竭了，他处于崩溃的边缘，随时他都面临着失败的厄运，更别说迎战下一回合了。

然而，让大家都很吃惊的是，他并没有倒下，而是拼命地坚持着，始终不肯放弃。参加拳击赛多次的他已经有了很丰富的经验，当时，他心里很清楚，对方和自己一样，也筋疲力尽了。到这时候，与其说是在比力气，不如说是在比毅力，最后的胜利就看谁能比对方多坚持一会儿了。他知道这时如果能在精神上压倒对方，就有胜出的可能，于是他竭力保持着坚毅的表情与誓不低头的气势，双目如电。对方不寒而栗，以为阿里仍存着体力，阿里从对方的眼神中发现了这一微妙的变化，顿时精神一振，更加顽强地坚持着。果然，最后阿里赢得了胜利。这时，他保住了拳王的称号，他还未走到台前便眼前一片漆黑，双腿无力地倒在地上。对方一见此情景，追悔莫及，并为此抱憾终生。

此次比赛阿里赢在他的最后时刻的坚持，而对方的失败在于他关键时刻的放弃。

很多中学生可能看过《士兵突击》，里面许三多有句名言：不抛弃，不放弃。许三多做到了，所以他成功了。成才开始没坚持住，所以他失败了，但后来他坚持住不抛弃不放弃，所以也成功了。

能把一件小事坚持数年，那就是一种精神；能将一种平静的

实践 让自己可持续发展

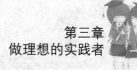

心态坚持下去，那就是一种境界；能将一种好的习惯坚持下去，那就是一种品德；能将一种优势坚持下去，那就使你永远立于不败之地。

在中国人的记忆里，"水滴石穿"、"铁杵磨成针"是刻骨铭心的。可是现实生活中，有不少人总有一种浮躁的心态，医治这种不良心态的最好办法就是修炼自己的"恒心"、"决心"，学会做任何事情都脚踏实地、循序渐进地进行。特别是在自己处于困难的时候，也要提醒自己安心、安心、再安心，坚持、坚持、再坚持……

坚持需要坚强的毅力

人要成功就要坚持；不能坚持，就会前功尽弃。走完了九十九步，剩下的最后一步，就是考验你毅力的一步。只要你咬紧牙关，再多一点努力，再多一点坚持，就一定能成功。就像赛跑一样，起决定作用的往往就在那最后一瞬间，谁能坚持到最后，爆发出巨大的潜能，谁就能夺取最后的胜利。

所有的成功者，都深得坚持的要旨，一代伟人毛泽东就曾谆谆告诫他的后人："坚持数年，必有好处。"

二十年前，麦当劳的创建者雷·克罗克与世长辞，享年81岁。人们走进他设在总部的办公室时，发现这是一个非常简朴的办公室，一桌一椅一部电话，而挂在墙上的那幅《坚持》的座右铭却非常醒目，其文写道：在世界上毅力是不可替代的才能。

坚持，就是一种状态，一种心情，一种信念或是一种精神，坚强而不动摇地、坚定而不犹豫地、坚毅而不屈服地进行到底。

坚持有时候不仅仅在做事上，有时候我们需要坚持的是自己的内心，人往往是受不了自己内心的某种煎熬，所以放弃了，这也正应了那句话：人最大的敌人是自己。

许三多，一个顿感的人，他从来没把谁当做对手，从来没把谁

行动，放飞梦想的原动力

当做敌人，他永远在和自己做斗争，他战胜了自我，所以他能做到不抛弃、不放弃。

坚持也许是一个惊心动魄，也许是一个悲怆壮烈，也许是一个百折不挠，也许是一个柳暗花明的过程。但是作为一个过程，它从来都会使人回肠荡气。

不抛弃不放弃，不抛弃自己，不放弃自己；不抛弃你的信念，不放弃你的理想；不抛弃你爱的人，不放弃你的幸福！

执著的人有信念，不到长城心不甘。他们有卧薪尝胆的雄心，闻鸡起舞的勤奋，面壁十年的毅力，破釜沉舟的勇气。就像一句老话所说的那样，坚持到底就是胜利。

坚持的过程既不平静也不平坦，既不轻松也不简单；然而，它却富于色彩、富于波澜、富于魅力。它也许坎坷，也许艰难，但客观存在悲壮，它饱含激情，它有滋有味。它既像一幅壮丽的长卷，又如一篇大气磅礴的乐章。这是人生最美的牵挂，是生命中最拨动心弦的音符。

第四章　做玩乐的智慧者

——玩乐，丰富生活的营养剂

玩转生活，玩出智慧和头脑！

青少年时代，是一个充满朝气、爱玩的年代，唱歌、跳舞、篮球、足球……是中学时代的美好见证。经过一场场激烈的竞赛后，会发现自已已成长，唱歌，找到了自信；跳舞，舞出了青春和活力；玩球，懂得了团结和合作；选秀，发现挑战自我并不难。

活泼的他们，在紧张的学习氛围中，仍不忘玩乐，这是每个人的天性。可是，玩要玩出智慧，玩出头脑，玩出自我。

1.边玩边学习，边乐边实践

玩是每个人的天性，如果你认为：玩只会消耗精力，影响学习，那就错了。玩也是一种学习。也许你一天到晚就是在外面玩，每次都要等到父母叫了多次才依依不舍地回家。但是，你在玩的过程中培养了组织协调能力，学会了与人交往，学会了认识自然，也学会了生活。

"晚睡早起，又困又累；一二节课，埋头苦睡；三四节课，肠胃开会；课间十分，强行补睡；讲台之上，吐沫横飞；讲台之下，昏昏欲睡；老师提问，全都不会；下课铃声，起立准备，蜂拥而上，厕所排队；跑的再快，迟迟没位；来到食堂，精神百倍，又抓又抢，盒饭暴贵。"这几乎是广大中学生生活的真实写照。

然而，中学时代应该是人生中最浪漫、最富有诗意的一段时光，也是友情碰撞爱情最朦胧的时刻了。但自从高考成为决定人一生命运的那一刻开始，中学时代便成了一个角斗场。在这个角斗场上虽然没有刀光剑影，但也要挑灯夜战，枯对百无聊赖的数字与文字。特别是当大家共同面对这个一分便能决定自己命运的高考的时候，又有几个人敢掉以轻心，去过快乐、自由而富有诗意的生活呢？

玩乐，丰富生活的营养剂

学也徘徊，玩也徘徊

在学习这条独木桥上，有多少人十几年寒窗苦读，甚至将自己的个人爱好也束之高阁，无暇顾及，可以说一切都是为了高考。没办法呀，发奋努力是老师的谆谆教诲，孜孜不倦更是家长的苦口婆心，他们都希望我们一步一个脚印，一天一个进步；然后，金榜题名，光耀门楣。

但是，正值人生的花季雨季、青春年少，有谁不爱玩，有谁愿意整天埋头苦学呀。因为一心只顾着学习，你可能失去了很多快乐的时光，也失去了很多朋友；可是，你如果只顾着肆无忌惮地玩，不学习的话，那你最后一定会后悔的，特别是在看到别人都拿着大学录取通知书的时候，自己会很伤心很难过的。所以，你就在玩与学习之间徘徊、拿捏不定；然后，时间一天天过去了，你学也没有学成，玩也没有玩好，于是，你就更加矛盾了，用一个现今比较流行的词来形容，就是"郁闷"。

其实，你完全不必有这么多顾虑。该玩的时候就痛痛快快地玩，该学的时候就痛痛快快地学。学习毕竟不同于无拘无束的游戏，成功与否，关键在于是否有良好的学习习惯；快乐也不是无条件的，如果在学习中你不会自我约束、自我控制，这对于你自身的成长也是没有好处的，尤其是处于这段人生的关键时期。所以，能掌握好玩与学习的度，做到边玩边学习，边乐边实践，学习与玩两不误，这对于处于青少年时期的你来说，是非常重要的。

在玩中学习，这也是你在这段时期一个很重要的环节，而且认真体会你就会发现，很多知识都是在玩的过程中学会的。在玩的过程中，你能够培养出开放的性格和开放的思维，喜欢对未知的事情问为什么，而不是老师说什么就是什么。在玩的过程中，没有名利的追逐，没有来自学校和家长的压力，一切都在自由发挥之中。而

实践 让自己可持续发展

且，正当地玩不仅可以增强体质，还是认识世界的手段。一个人对事物与事物之间的联系，人与人之间的关系的认识，往往都是先从玩中获得的。

玩是人的天性，在玩中学，由浅入深，在轻松的气氛中去感知未知世界的魅力，这是一种极好的学习方式。其实，善于玩的人往往也是极富创造力的人，他们能够在玩耍中发现新知识。他们在玩耍中会自己创造游戏，并制定游戏规则，大家会遵守这个规则，不按规则的将会被驱逐出游戏圈子——这也是每个人最早接触到的人类生存法则。玩，能发展多方面的能力，这是书本上得不到的，而且很多事实也都证明，平时在学校最会玩、能玩出水平来的这些人，他们大都头脑灵活，不拘一格，而许多发明创造就是出自这样的人。

玩中有学，边玩边学

我们这一代人，是需要独立自由发展的一代人，而不是承担父母名誉的一代人。丰富多彩的生活总是给予我们许多遐想，让我们懂得了自然的美好、生命的意义。"生活就像是一张白纸，需要你在上面画出一幅美丽的图画。"没错，生活是丰富多彩的，而要想使生活变得多姿多彩，这全然掌握在我们自己手中。每个人都希望在若干年后，当回忆起往事的时候，自己会说：看，我的生命是多么得色彩斑斓、绚丽多姿呀！是呀，只有生活过得丰富多姿，才算精彩。

那么，处于青少年时期的你，究竟该如何安排自己的生活才能让自己过得丰富多彩，既享受了玩的乐趣，又能学到很多东西，做到学习与玩乐两不误呢？其实，方式有很多种。

我们都知道，音乐能使人快乐，为我们的生活增光添彩；美妙的音乐，美好的歌曲，可以和谐、净化人的心灵，启迪人的心智。

玩乐，丰富生活的营养剂

而歌唱则可以提高我们的文化素质和艺术修养，使人感情丰富，心绪平和。音乐和歌唱，使得我们的生活更加丰富多彩。因此，有事儿没事儿多唱唱歌，不仅可以放松心情，也能够让自己和他人快乐起来，何乐而不为呢？

也许，你也挺喜欢跳舞的，甚至可能你自己都不会跳，那就跳跳呗！知道吗，经常与好友或是家人在乐韵声中翩翩起舞，也有助于消除学习上的压力，保持轻松愉快的心情，促进身心的健康，还能增进彼此的感情呢。所以，想跳舞的时候，就找个人一块儿跳吧，也许，别人也正有此想法呢。

你喜欢旅游吗？旅游可是个很好的项目，在旅行游玩的时候，你开阔了眼界，增长了见识，同时美丽的风景也陶冶了你的情操。天文馆、自然博物馆、鲁迅故居、老舍故居等许多地方都值得一去；圆明园、颐和园、大观园、天坛等许多名胜古迹，都必须一览。旅游可以让忧郁的人忘记烦恼，让内向的人变得外向。想象一下，走遍大江南北、看遍祖国山河，这是一件让人感到多么健康、自由而快乐的事啊！

在你的业余时间，一定要打打篮球或是踢踢足球，练练乒乓球也可以。事实证明，当一个人心情不好的时候打打篮球能使坏情绪发泄掉；另外，经常打篮球还能促进新陈代谢，有助于身体增高；可以提升一个人的体能，增强心肺功能，也能够帮助你减轻压力。此外，在打篮球的过程中，你认识了更多的人，可以培养你与人相处的能力，提高自我形象，增强自信心，训练你的反应能力和应变能力等等，总之，打篮球可谓是好处多多。

不过，还是有很多人喜欢踢足球的。而且经常踢足球更有助于改善呼吸系统的功能，强化腿部的骨骼。因为足球是集跑步与腿部运动于一身的。一个人在跑步、传球、射门等的过程中，会加强呼吸的深度，从而吸进更多氧气，排出更多的二氧化碳，使肺活量增大，肺功能加强。

实践 让自己可持续发展

你还不会上网吗？那你就要注意了，要知道，互联网上有相当丰富的资源。通过上网，你不仅可以获得更为广泛的新知识，还有助于激发一个人的创造性。你可以通过上网发 E-mail，这样就不仅节省了大量木浆纸，提高了环保水平，同时也树立了你的电子信函、电子商务、电子写作的意识，这对于你今后的成长和发展是非常重要的。

　　此外，你也可以试着参加一些选秀活动，不求结果，重在参与。通过参加选秀，你可以了解一下自己的实力，同时也增加了一些表演经验；而那些专业评委们的意见，对于你今后的成长是有很大好处的。

玩乐，丰富生活的营养剂

2.唱歌，唱出自信和青春

> 音乐之美，首在意境。意境之美，崇高第一，童真第二，高贵第三，奋发第四，深情第五，豪放第六，淡雅第七，悲凉第八，绚烂第九，空灵第十，欢娱第十一，哀伤第十二，粗犷第十三，异族情调第十四，描摹自然第十五。

音乐，是我们日常生活中不可缺少的，它能够带给人们美的感受。人们会因为心情的变化而欣赏不同的音乐。开心时，我们倾听热情洋溢的音乐；心情忧伤时，我们则需要轻柔舒缓的音乐。但不管怎样，音乐带给我们的美的感受是不变的。

音乐的美是沁人心脾的，每当听贝多芬的《月光曲》时，随着音调的起伏，是否你的心就好像也随着音乐来到了大海边，仿佛看到月光正从水天相接的地方升起来，把水面照得银光闪闪的。音乐使人兴奋、振奋，它的美妙是无法用语言描述的。你只有慢慢欣赏，细细体会，才能体会到它的美。

音乐——最美妙的事物

音乐就是这样存在于人们的心中，微笑着给予人们心灵上美的享受。音乐是美丽的，却无法用眼睛看到；音乐是物质的，却无法用手去触摸；音乐是有味道的，却无法用嘴来品尝；音乐是

实践
让自己可持续发展

易逝的，却可成为永恒。是的，音乐是无形的，只能用耳朵来捕捉。音乐就是音乐，是每个人心中不同的旋律，是这个星球上最珍贵的东西。

有时候，音乐甚至是人们互相沟通的桥梁。我们都知道，歌唱是一种将语言和音乐结合起来表达思想感情的一种艺术形式。而当你与志趣相投的朋友们一起练唱优秀的合唱歌曲的时候，你就会感受到合唱艺术的无穷魅力。歌唱可以使我们唱出和谐和团结，唱出快乐和友谊！

所以，让我们都来歌唱！歌唱使我们增长了见闻，开拓了眼界，也抒发了情怀。学唱国内外优秀的歌曲，感受歌曲，理解歌曲，对于每一个人的思想道德修养，性格情操熏陶，都有积极的作用。

也许，你觉得最动听的音乐就是那些欢悦激荡的流行乐，也只唱流行歌曲，但在一个绝对的音乐欣赏者看来，古典音乐、现代音乐、严肃的音乐、流行的音乐，并没有什么界别，只在乎心中最简单的感觉——喜欢。既然喜欢，就去听，就去唱，感受那动人的旋律，让空灵优美的乐律激荡在自己心中，你会感觉到，欣赏音乐是一件多么美好的事啊！

有调查显示，青少年是最大的看电视的群体。如果说课外活动是学生的第二课堂的话，那么电视无疑已经成为学校之外的第二位老师。通过看电视剧，你也学会了不少的片头曲、片尾曲，还有各种插曲。而这些也成为了同学们闲暇时候交流的话题，甚至聊到兴头儿上的时候，大家还在一块儿引吭高歌，那真叫开心呀，恐怕这世上再没有比这更让人快乐的事了。

我唱歌，我自信，我快乐

"栀子花开，so beauty so white，这个时节，我们将离开，难舍

玩乐，丰富生活的营养剂

的你，害羞的女孩，就像一阵清香，萦绕在我心海"，"栀子花开呀开，是淡淡的青春，纯纯的爱"，在这栀子花般的季节，唱歌给我们带来了太多的快乐。所以，只要你爱唱歌，就算你的音质还够不上参加什么比赛，闲下来也可以唱几首歌自娱一下；也许你的状态很像一个精神病患者，惹得你周围的人在一旁问：你没事儿吧？你也可以很肯定地告诉他：I'm fine, thanks.

也许你会说，我五音不全，音色不雅，哎，总之，天生就没音乐细胞。每次听别人唱歌我就只有羡慕的分儿。偶尔情绪不好，想放松一下，开发一下自己的新领域吧，谁知还没张开嘴巴，就跑调了，很打击人的。没关系，朋友，要知道，快乐是自己的事儿，何必太在意别人的想法，活在别人的眼光里是一件多么累的事儿呀；再说，你又没有犯法，凭什么不能唱！

在你身边，可能也有一些被人称为"乐天派"的人，他/她们在别人的眼里整天总是很开心很高兴，似乎从来就不会有什么烦恼。而且，他/她们总是很会关心别人，开导别人，受到大家的称赞，你身边的人也往往会说：看，人家的性格多好！然后，当有一天你心情黯然的时候，会自怨自艾地说：人家的性格好，我的个性不好，我真羡慕他的性格。其实，完全没必要这么想。首先，每个人都是会有烦恼的，无一例外；再者，你完全可以不必烦恼，你完全可以改变自己，将自己的个性、自己的优势展现出来！

如今，每个人都讲究个性。个性是什么？它包含了一个人的气质、性格等多方面的因素，其实，个性就是展现自我见解，自我才华，自我风采。个性张扬有利于自我的发展，而我们每个人也都会佩服那些敢于展示自我、个性张扬的人。他们的勇气和机智，既滑稽又可爱的形象，敢于表现自我的精神，都令人深思。而也正是这些体现出了他们有胆识，有谋略，聪明机智的人格魅力。

因此，想唱就唱吧，唱歌能带给你健康快乐，坚强自信；还能**使你热情向上，浑身充满力量。**经常唱歌你就会越来越想唱，越来

实践
让自己可持续发展

越爱唱，越来越会唱，越来越敢唱。它会使你变得高雅脱俗，又会让你童真归璞。

有时候，短暂的一瞬就可能影响一个人的一生。风从水面掠过，会留下粼粼波痕；阳光从云中穿过，会留下丝丝温暖；岁月从树林中走过，会留下圈圈年轮。而我们从时代的大舞台上走过，又该留下点什么呢？我们应当留下青春的骄傲，寻梦的足迹；我们应当留下真我的风采与个性的张扬；我们应当留下无悔的演绎和星光的灿烂。

"想唱就唱，要唱得响亮，就算没有人为我鼓掌，我也要勇敢地自我标榜"，"想唱就唱，要唱得漂亮，就算这舞台多空旷，总有一天会看见挥舞的荧光棒"……

玩乐，丰富生活的营养剂

3.跳舞，跳出活力和创新

舞蹈之美，在于它所磨炼的不只是身体，还有思维与肢体的相互沟通。倾心于舞蹈，无疑就是选择了一段寂寞而又孤傲的旅程。那些黑池中的顶级舞者们，他们因生命而尽情舞蹈，因舞蹈而激扬着生命。他们在肢体的语汇里如痴如醉，他们用美轮美奂的方式拥抱着人生。

舞蹈是一种真正以生命自身来塑造的艺术，它具有灵性。它所假之物并不是声、色、字、词，而是人的肢体语言。它用千姿百态的舞蹈动作来代替语言表达艺术形象，并借以抒发情感。它的独特之处就在于它是通过肢体语言最大限度地表达出藏在最深处的情感，来展现其艺术的魅力，使我们在欣赏之中受到感染和启迪，并享受舞蹈之美。

跳舞，曾经的梦

当音乐声响起，台上的演员开始翩跹起舞之时，我们便一下获得了一种共同的美。舞台上，她的一笑一颦，一起一停，一甩手一投足，挺拔，秀丽，高朗，忧愁，仿佛这世上一切美的物，美的情，这时全都聚在她的身上。而她早已不是她自己，而是一位法力无边的美神。她翩起人们的回忆，惹动人们的情思，牵动整个美的

世界。这就是舞蹈带给我们的美的感觉，那感觉是如此深刻，如此清晰；那曼妙的舞姿，久久萦绕在我们的脑海中，挥之不去。于是，你也似乎有了一种想要学习跳舞的冲动。

是啊，舞蹈真美，舞姿，是一阵风，能拂动各人的情；舞台，是一面大的雷达，能接受与反射各人的思想。当我们看着舞台上那舞动着的美人时，她/他举手，投足，弯腰，舒臂，那美的形态、身段、轮廓、线条，一切都表现着美的内蕴、美的感情而不必解释。

跳舞的人首先很有气质，这一点是不可否认的，跳舞还可以培养自己多方面的能力，诸如人际交往、办事能力等。比如与一个较好的朋友一起跳舞，那种心与心的交流是什么也买不来的。跳舞还有助于开发一个人的潜能。因为舞蹈的健身动作爆发力都很强，在舞蹈当中，连贯的动作节奏很快，一整套动作连贯而流畅，整齐而有韵律感，因而对人体体能的潜力开发很强，能够较好地改善练习者的协调能力，另外，对乐感、灵巧度的锻炼也很有帮助。

所以，有多少次，当你看到跳舞的人在展示着灵动的舞姿时，你都想要跟着跳，或想去学跳舞。但是，现实中却有很多条件限制着你。你还要好好学习，还要天天上课，上完了早自习，还要上晚自习；好不容易有了双休日，老师又布置了一大堆作业，发了一大叠卷子，而且每次都是这样，你似乎永远没有时间去学一些自己想学的东西。

其实，这些都不是问题的关键。每个人都有表现自己的欲望和冲动，但能否付诸行动就取决于你的自信和勇气了。难道那些会跳舞的人就有时间吗？他/她们不也是跟你一样要学习，要听老师、家长的话，要做作业吗？没有双休日，可以利用寒暑假。再说，如果你真的想学，每天半个小时总可以挤出来吧，如果一味地只给自己找借口，那只能说明你想学舞蹈的决心并不强烈，你并没有抱着非学不可的态度，对于此，你还不确定，只是想想而已。而且，总是

玩乐，丰富生活的营养剂

给自己找借口，这种思维习惯很不好，还会影响你以后做其他事。

释放自己，舞动青春

的确有一些人，当机会一次次出现在他/她面前时，他/她却怯怯懦懦，怕自己出错，怕自己失误，怕别人取笑，顾虑很多。然而顾虑多了，就会导致一次次的机会与自己擦肩而过，久而久之，就会形成一种惰性，继而转变成一种消极的人生态度，以至最后自己也彻底放弃了自己。其实，人最大的敌人不是别人，而是自己。在这样一个个性张扬展现自我的时代，沉默就会落后，落后就会被淘汰。

所以，如果你想要跳舞，那就勇敢地跳吧。不会，可以学，再说，不会也可以跳呀。大部分人跳舞都是为了放松身心，或跟大家一块儿快乐高兴的。毕竟，我们都不是专业人员，我们只是图个快乐、开心、娱乐而已。跟随着音乐的节拍，随意的跳，不拘泥于舞式舞姿，不是更为放松、更为惬意吗？

当然，如果你要学习比较专业的舞蹈，那就更好了。而且经常练习舞蹈可以让人的身材曲线变得更美，身体变得柔软，全面刺激肌肉，让自己的大腿肌肉和手臂肌肉也更紧实。常跳舞的人，形体都很美，绝对不会出现弯腰驼背的情况。所以，如果你想要修身塑形，练习舞蹈则不失为一个好办法。

另外，经常练习舞蹈动作，对身体有很大的好处。因为舞蹈对肌肉的刺激是全面性、综合性的，它的动作兼顾到头、颈、胸、腿、髋等部位。比如爵士舞对小关节、小肌肉的运动较多，而这些地方是平日健身不大容易活动到的地方。另外，舞蹈还具备有氧运动的效果，使练习者在提高心肺功能的同时，达到减肥的目的；而它的趣味性容易让人集中和专注，忽略掉运动疲劳。

说实话，舞蹈确实是一种极具表现力的运动，认真观察你就会

实践

让自己可持续发展

发现，常跳舞的人往往都能够展示自我、表现自我，总能给人一种乐观、积极、向上的感觉，使得走在人群中她/他也显得很独特，这样，一个人就在表现自己的同时也培养了自信和气质，而且她/他的性格也会变得开朗。跳舞还是舒解情绪的好方法，经常跳舞，有益身心健康，增强体质。

你看，跳舞的好处这么多，所以从现在开始，想跳舞的时候，就尽情地跳，跳出你的活力，跳出你的风格。但是，不同的性格，不同的体形，就有各自适合跳的舞，不过还是以个人爱好为主啦。一般来讲，跳民族舞的人都是抬头挺胸的，永远给人一种高高在上的感觉；跳街舞的人嘻哈风格蛮重的，因为一般是国外的风格，很爽快的感觉；至于跳健美操则是一听到音乐就很有活力，可以带动跳舞人的心情，让人想跟着一起舞动，一起展现活力。

希望热爱跳舞的你，越来越开心，越来越 Shine！

4.旅游，扩大自己的世面

> 旅行能体味人生。旅行是人生的缩影，因为在旅行时脱离了日常的事物而陷入纯粹的静观，对于以平生自明的、已知的事理为前提的人，才保持了新鲜的感觉。
>
> —— 三木清

旅游可以说是好处多多，尤其是对于处于青少年时期的你来说。这个阶段你有着强烈的求知欲，充满对新鲜事物的好奇心；多出去旅游，看遍祖国山川大河，在开阔心胸，放松心情，锻炼身体的同时，也可以帮你增长见识，开阔眼界，陶冶情操——这一点还需要慢慢培养。

旅游确实可以让你的心情更开朗，让忧郁的人暂时忘掉所有的悲伤，强身健体。如果你需要减肥的话，那旅游就是一个特别好的项目了。在旅游的过程中，你还可以交到很多新朋友，锻炼自己人际交往的能力。

旅游，可以博闻强识

旅游可以让你熟悉这个世界，能让你认识到自己还有很多不知道的东西，从而让你学无止境，对生活充满信心。旅游可以增强你的审美观。登上泰山之巅，你就会有"会当凌绝顶，一览众

实践 让自己可持续发展

山小"的豪迈；来到洞庭之滨，你也会生出"把酒临风，此乐何极"的好心情；在海南万泉河中，你可以体验漂流的刺激……抛开了学习和生活的重压，投身于大自然之中，旅途中的美景可以让你忘记现实生活的烦恼，看到世间还有美的存在，给自己新的希望，对未来生活充满憧憬和向往。所以，那些平时生活在城市里的人们，每当谈到旅游这个话题的时候，无不是神采飞扬、滔滔不绝。

当被问及旅游的收获时，许多人都会说，出来走走增长增长见识，其实旅游还可以帮助人们增强自信。因为旅游让人们经历风雨、见了世面，而如果这份经历能够得到别人的赞许，这将会进一步增强我们的自信。

也许，你是一个很爱学习的人。你每天都按计划学习。这些计划包括每天的时间安排、考试复习安排和双休日、寒暑假安排，什么时间干什么，达到什么要求。除了每天的计划安排，周一至周五上课之外，还把放学回家以后的时间安排好。放学回家后又是复习、做作业和预习，你几乎就没有玩的时间和娱乐的时间。到了周六、周日，你又要小结性复习、做作业、参加文体活动以及参加课外兴趣活动什么的。你的生活中排满了内容，但是效果怎样呢？

如果是这样的话，那你就不妨出去旅游旅游，这样好处真的很多。你可以学到很多书本上学不到的东西，还有助于锻炼你各方面的能力，提升你的自信心和正确地认知自己和这个世界。

正如有时候你的老师在班里问："去过八达岭长城的同学请举手？"同学们就会争先恐后地把手高高举起，同时满怀自豪地等待着伙伴们崇拜而羡慕的目光。从心理学上讲，人们拿经历作谈资，都期望得到对方的回应，如果这种回应是赞许之词，就会给我们很大的鼓励，让我们觉得自己具备别人没有的优势，知道别人不知道的事情，于是自豪感油然而生。所以说，如果你以前是一个自卑、

玩乐，丰富生活的营养剂

对自己不抱希望的人，那通过旅游，真的可以对你有很大的帮助；当然，你也要在自我意识上作一些改变，不能把自己封闭起来，不与任何人接触。

没事儿就出来遛遛吧

旅游可以提升一个人的综合能力，开发出一个人未知的潜能，帮助一个人重新认识自己。在旅游时，你会发现，自己居然能和不同的人打交道，甚至和他们成为无话不谈的好朋友。而这种意外的发现会让你重新认识自己，增强自信心。此外，如果你是在探险旅游，那你就要完全依靠自己了。你就要仅仅凭借一张地图、一枚指南针找到方向，而且还要学着在野外生存，学着搭帐篷、点篝火等。这些经历是你在日常生活中找不到的，但就是这些经历会让你意外发现自身蕴藏的潜力。这时，你就会产生一种超越自我的成就感，体会到自己还有更大的发展空间，这就极大地增强了自信。

处于青春期的人，心情应该是轻快明朗的。可是，如今你在校园里可能已经注意到了，很多学生曾几何时不再拥有发自内心的灿烂笑容了，取而代之的是紧锁的眉头，严肃的表情。有一部分学生甚至因为心理调节能力差，一遇到不顺心的事就偏激烦躁、郁郁寡欢、怨天尤人。试想一下，在这样的状态下怎么可能会有好的学习效果呢？

所以，一个中学生，每天都应该保持一个好心情。每天最好早早起床，在空气清新的校园里稍微活动一下，比如伸伸腿呀、弯弯腰呀、做几次深呼吸等等；课间活动的时候，走出教室，看看天上的白云和远处的苍山；听听草丛中的虫鸣和树上的鸟啼，闻闻校园里的花香，然后告诉自己美好的一天又开始了。在放假的时候，和家人或是好友一块儿出去旅游旅游，既放松了心情，增长了见识，又能增进友谊和彼此之间的感情，何乐而不为呢？

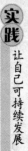

在旅行中，你仿佛进入了另一个新奇的世界，雪山上白雪皑皑、瀑布下激流滔滔。这些见闻在开阔了你的视野、增长知识的同时，也让你在以后写作文的时候不发怵了，因为确有内容可写。每游览一个地方，你还可以买一些能代表当地特色的产品，既可作为此次旅游的纪念，也可作为礼品馈赠给亲朋好友。

春季大地吐苏、繁花似锦，万物生机勃勃；秋季风清日丽、天高云淡，天地一片开阔。在这些季节你都不出去走走，那岂不就辜负了眼前的大好时光吗？

让年轻的你在燕赵大地释放活力，让年轻的心在旅途中成长，让年轻的岁月打上不平凡的记忆！旅游去吧！旅游，真好！

玩乐，丰富生活的营养剂

5.玩球，需要团结合作精神

所谓团队精神，简单来说就是大局意识、协作精神和服务精神的集中体现。团队精神的基础是尊重个人的兴趣和成就；核心是协同合作；最高境界是全体成员的向心力、凝聚力，反映的是个体利益和整体利益的统一，并进而保证组织的高效率运转。

篮球、足球、排球或是乒乓球可能是你目前的最爱了。对于男生来说，其中，篮球要排在首位了。课外活动的时候，拉上几个哥儿们："走，后操场上见！"这个时候也是你最痛快的时候了。

当然，踢足球也不错，不过，要比打篮球累些。但是，足球要算是训练腿部的最佳运动了。在不断运动腿部的过程中，由于促进了新陈代谢，骨骼的血液供给得到了改善，骨骼的形态结构和机能都发生了良好的变化。

玩球，有益身心

排球也是一项有益身心的运动。参加这项运动，不仅能让同学们享受它带来的乐趣，而且能增强身体抵抗力，增强身体各方面的素质，使睡眠更佳。它最大的好处是可以增加身体及关节的柔软性，使人更灵活，还能舒缓人的精神压力，增加持久力，锻炼坚强

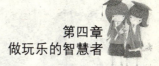

意志。经常练习打排球能够使人勇于面对挑战，使人更有活力，也能让你的学习更有效率，你自己也变得更加自信，自我形象也更为健康。

打乒乓球要算是一个大众运动了，男女老少皆宜。它不需要太大的运动量，动作幅度小，适合作为打过篮球、踢过足球后的缓冲运动；而且，经常练习乒乓球可以让人变得更加灵活，反应快，对眼睛也很有好处。

因为打篮球的时间可长可短，所以，它既可作为有氧运动锻炼自己，也可以作为提升肌肉能力的练习。篮球运动需要参与者快速走动，连续跳跃及力量对抗，因此，经常参与该项活动可使肌肉结实、心肺强健、促进身体的新陈代谢能力。同时，篮球运动也是一种心理竞赛，其活动过程不单单是技巧的比较，同时还是智慧与意志力的考验。在比赛时，运动员常常要做出即时反应及判断。所以，运动员的心理素质的好坏，如自信、情绪及进取态度等，往往是决定篮球能否打好的关键，同时也能得到锻炼和提高。

所以，不要小看这些简单的打球活动，经常打球不仅大大丰富了学生的课余生活，而且对增强学生体质、提高学识成绩以及学生的全面发展很有帮助。它不仅可以锻炼我们的身体各部分器官与组织，还可以培养我们健康的心理、健全的人格和良好的人际关系，快速的反应能力以及敏捷的速度等等，可谓好处多多哦！

在这里要说明的是，在玩球的过程中，团队精神很重要，尤其是篮球，它是一项以进攻与防守交替进行的对抗活动，对抗性强，竞争激烈，更需要团队合作。因此培养队员之间的默契与团队精神就更为重要了。而排球运动的对抗过程变化多端，竞争非常激烈，所以，这就更加要求集体要组织合作，而队员也能从中建立了解、信任、团结的良好友谊关系，所以说，打排球也是对参与者的一种挑战和锻炼。

玩乐，丰富生活的营养剂

团队精神，球队的灵魂

在打球的时候，一个没有团队精神的团队一定是不堪一击的。团队精神是一种组织文化，而良好的团队管理则可以通过合适的组织形态将每个人安排至合适的岗位，从而充分发挥集体的潜能。所以，想要拥有超强的团队精神，并不是那么容易的。但要培养团队精神也并不要求团队成员牺牲自我，相反，挥洒个性、表现特长才能保证成员共同完成目标，而当大家拥有共同的协作意愿的时候，内心才能产生真正的动力。

要想拥有良好的团队精神，如果没有正确的领导和管理，没有一点奉献精神，那是不行的。而在一个团队当中，起关键作用的就是"头儿"，也就是所谓的团队管理者。俗话说，一群由狮子带领的羊群可以打败由一只羊带领的狮群。领导者很重要，一个领导者的领导能力更重要。

作为一个团队领导者，首先就要有目标导向力，要能够培养起大家的团队精神。团队精神是通过对群体意识的培养，通过队员在长期的实践中形成的习惯、信仰、动机、兴趣等文化心理，来沟通人们的思想，从而引导人们产生共同的使命感、归属感和认同感。团队精神培养起来了，就可以促使团队人员齐心协力，拧成一股绳，朝着一个目标共同努力。而对于每个队员来说，团队要达到的目标就是自己努力的方向，团队目标的最终实现还是要在自己身上落实的。

身为团队领导者，还要学会激励和赞美。一个团队的发展是要靠队员自觉进步，力争与团队中最优秀的队员看齐的。通过队员之间正常的竞争可以实现激励功能，而且这种激励不能单纯停留在物质上，还要能够得到团队的认可，获得团队中其他队员的尊敬才最好。因而，这个责任就落到团队领导者身上了。千万不要小看这种激励行为，它能够逐渐强化团队精神，产生一种强大的凝聚力，这是一个优秀的团队所必不可少的。

有一个知名的团队，队长经常让处于中间水平的队员拿着团队的费用去买平时需要的用品。而且他对此毫无顾忌，从来不担心这个人会自己花一部分钱；有时，他甚至还犒劳一下这个队员。然而，就是这样，这个团队却非常团结，大家相互之间都没有猜忌，团队的合作也非常成功。

作为一个团队管理者，你也要明白，如果要改变一个人的行为，有两种手段：惩罚和激励。惩罚导致行为退缩，是消极的、被动的；激励则是积极的、主动的，能持续提高效率。要知道，惩罚就是对队员的一种否定。你想，一个经常被否定的队员，他还会有多少热情呢。团队管理者的激励和肯定对于增加队员对团队的正面认同影响非常大；反之，你对队员的频繁否定，也会让队员觉得自己对团队没有用，进而也把团队给否定了，而这样做的结果自然是得不偿失的。

要与队员经常沟通，这一点也至关重要。理解与信任不光是一句简单的话，往往一个小误会却反而给团队管理带来无尽的麻烦。如果你的团队需要某个人，就告诉他你需要他。一个想为团队发挥自己的才能的人，有时候就是因为沟通不畅，而受到伤害，最终离开。

时常反思自己。因为一般来说，团队管理者都是权威感非常重的人，一旦有人挑战自己的权威，内心就不太舒服。所以，一个团队管理者，首先要反思一下自己的用人态度，在评估一个人的能力时，是不是仅仅考虑了自己的情感需要而没有顾及队员的？是不是觉得自己的权威受到了人才的挑战而不能从内心接受？只有这样不断反思自己，才能不断提高自己，让自己变得更好，自己才会更有权威。

玩乐，丰富生活的营养剂

6. 上网，需要清醒的大脑

上网，作为一种发挥网络资源作用的重要手段，其作用是举足轻重的。作为祖国的未来，能够及早地树立电子商务意识，利用电脑网络，这是全民族素质提高的一个重要标志。但是，网络资源一旦使用不当，后果就会很严重。

21世纪是一个网络的世纪，如今，判断一个人是不是文盲已不光是看这个人有没有受过九年制义务教育，还要看你会不会电脑。所以，会用电脑、会上网已经成为青少年的必修课了。如今，网上冲浪也已成为一种流行时尚，尤其是在菁菁校园里，它更是一道颇为亮丽的风景。同学互相见面，第一句问候语常常是"今天你上网了吗？"好像没有上网就不算是一名新世纪真正的中学生一样。

丰富多彩的网络世界

中学生正处于求学的重要时期，平时除了看书学习外，偶尔上上网，看看最新消息，找找与学习有关的资料，稍微放松一下，未尝不是一件好事。当你学习上遇到困难时，轻轻用鼠标点击一下远程教育网或相关学习网站，你就可以得到全国各地名校名师的精心指导，从而在学习上取得更大的进步；心情烦躁时，点击"榕树下"或其他中文网站，你便可以遨游于广阔的文学天空，享受到另

实践 让自己可持续发展

一种全新的生活乐趣。

没错，网上的资讯可谓包罗万象，只要你轻轻一点，就能找出自己想要的资料，快捷方便，又省下了许多翻书的时间，也算是好事一件。同时，网上也有很多有益的娱乐网站，空闲时下载几首自己喜欢的歌曲，轻松一下，也挺享受。总之，你学会了上网，足不出户就能知天下事。

但是，很多人上网只是为了玩游戏，短时间玩一下放松心情也没关系，但长时间地沉迷于游戏的话就会对人体有害了。由于长时间地保持着一个姿势会使体内血液循环不良，使人感到四肢麻痹，站起来时出现双眼发黑等不良症状。在游戏的过程中随着角色所在的不同环境对人的心情会造成影响，特别是在和别人比赛的时候心情会特别的激动，情绪大起大落，承受能力差点的人或许当场就会晕过去，甚至是死亡。另外玩游戏时屏幕上的色彩闪烁不定，会对人的眼睛造成极大的伤害。尤其是那些通宵达旦玩游戏的人，他们受到的伤害则更大。

上网就像是一把双刃剑，有利就有弊，要不然就不会有那么多人沉迷于网恋不能自拔了。有些人就是因为上网跟陌生人聊天，认为自己似乎找到了"新的感觉"，想寻找到"新的刺激"，于是迷恋上了网吧；更有甚者在夜间的时候翻墙出去，通宵达旦地玩游戏、看电影。第二天干脆连课都不上，直接回宿舍睡觉了，结果学习成绩直线下降。当然，学习成绩下降不一定都是上网造成的，但上网在一定程度上，对学习绝对是有影响的。

理智上网，身心受益

也正是因为在网络的"自由"，以至于不少中学生太过沉迷于网络之中，也就是人们所说的"网虫"，在他们看来，这世上仿佛除了上网就无事可做，这种思想是千万要不得的。青少年上网恐怕

玩乐，丰富生活的营养剂

也已是当今最令家长和老师们头痛的问题了。在烟雾缭绕、空气浑浊的网吧里，时常会撞进一些伤心而焦急的家长，他们在寻找因沉溺上网而整夜未归或逃学甚至离家出走的孩子。这些孩子显然已不能自拔，迷失了方向。其原因何在？自制力不够。

中学生能否正确地对待上网，很大程度上就取决于他们是否有足够的自制力，而这也决定了他们以后的人生道路。俗话说，"自制力是人生的方向盘"，人生会面临很多十字路口，也有很多因素决定命运将会走向哪个方向。而在年轻气盛的时候，自制力应该是最重要的一个因素。青春年少的中学生们自制力一般都很差，而各种不良的诱惑又无处不在，恶搞的、丑化的、腐朽的东西诸如红色网站的屡禁不绝，一些垃圾评论的盛行等等，而这些都易对他们的社会价值观念、伦理道德产生消极的影响，所以，很多人就很容易误入歧途。可以说，这些感染比肺结核、肝炎、非典、艾滋病、癌症等更难治愈。

其实网络本来是为了方便人们的工作和生活而产生的，但现在却逐渐发展到多方面了。暴力、色情、迷信等等不良的信息在不断地侵蚀着青少年的心灵，使得人们的素质停滞不前，甚至有倒退的现象。这就需要你树立正确的上网态度，全面理智地对待上网了。

首先，从上网的目的来看，无非有以下几种：一是为了查找自己所需要的资料；二是为了看点各类新闻；再者就是为了寻找网友聊天；还有的则是为了在网络上寻找一片能够展示自己的舞台，比如做个性化的网页、发布对自己有利的广告、做个有点名望的网络博客等等。当然，这些都可以。

查资料可以丰富你的知识内涵和文化素养，缩短去图书馆慢慢检索文档资料的时间，而且查找资料更方便；看各类新闻可以让人们在错过看电视新闻的情况下，了解更多的国内外动态，而且在网上更方便查阅；就交友来说，扩大了交际圈的范围，更有利于社会

实践
让自己可持续发展

的和谐与进步；而在网上自由，受约束性更小，勇敢地展示自我更有利于个人性格特长的发展。

　　电脑世界虽然多姿多彩，但我们应合理地利用网络，不要沉迷于网络之中。我们要正确地利用它，让它来帮我们多学一点知识，当然，只有在复习完并写完作业的情况下才可以适当地玩会儿游戏放松一下。有时听听 MP3、有时看看 Flash 动画……还有更多有利于你生活、学习、工作的网站，任你去点击、去遨游，让你的生活因上网而精彩，学习因上网而轻松。

玩乐，丰富生活的营养剂

7.选秀，敢于挑战自我

想唱就唱要唱的响亮，就算没有人为我鼓掌，至少我还能够勇敢的自我欣赏。想唱就唱要唱的漂亮，就算这舞台多空旷，总有一天能看到挥舞的荧光棒。

每个人最大的敌人就是自己，只有不断地挑战自己，超越自己，才会得以进步！也只有敢于挑战自己的人，才能真正超越自己。一条蚯蚓，虽然没有强劲的筋骨、锋利的牙齿，但它能够上食埃土，下饮黄泉。一只蜗牛，虽然没有雄鹰那双大翅，不能够飞向高空，但它可以站在金字塔的最上方，来俯视整个大地，这就是勇于挑战自我的表现。这种精神值得每一位青少年学习。

蚯蚓、蜗牛，都敢于向自己挑战，它们也没有屈服于自己天然的不利条件，而是勇敢地克服了自己的种种不足，然后为自己的理想而奋斗。所以最终的结果，即使蜗牛没有到达金字塔顶，但是它也是无悔的，因为它为自己的目标付出了行动。

选秀，敢于挑战

选秀节目中出了不少名人。一直有这么一句话"心有多大舞台就有多大"，像李宇春、张含韵这些都是从选秀中出来的平民歌手，其实选秀活动只给了更多人一个展现自我的机会，但是他们完全可

实践 让自己可持续发展

以在这样的一个平台上发挥自己的水平，来实现自己的梦想。试想，如果没有这些选秀节目给她们提供舞台，也许她们永远也不会成名。但更重要的是她们敢于向自己挑战的勇气，是很值得每一位青少年学习的。

所以，对于中学生投身海选的现象，应该用一种正确的态度来看待，其实青少年参加海选无可厚非，就是锻炼自己，让自己接受一次挑战，开开眼界。我们来看一下一位青少年在选秀过程中体会到了什么。

那天早上，在选秀场的外面就已经排起了长长的队伍，一个广西女孩第一个步入场内，为了报名，她特意起了个早，上午7时许就赶到杭州了。这选秀节目为众多喜欢唱歌的普通人提供了机会。然后，大部分报名者都精心打扮了一番，期望展现自己的最佳形象。其实选秀不在于结果如何，而是着实地挑战了自己、锻炼了自己的能力。目的应该是"重在参与，心态最重要"。

当然除了参赛选手之外，还有很多代替女儿报名的家长，相比那些怀揣梦想的女孩，他们要现实得多，很多家长认为，真正通过比赛而走红的优秀选手只有少数几人，大部分不可能笑到最后。但"超级女声"给了想唱歌的人一次机会，可以让她们在比赛中得到磨炼。其实每一个青少年在选秀的过程中，应该学到的也就是一种敢于挑战自我的心态。在青少年的时候，来尝试一下，练练胆量，见见世面，这其实也是另外一种收获。

在选秀过程中，除了能够锻炼自己的胆量，还能够克服自己的弱点。某校一高三学生都快高考了，还去参加一选秀节目，大部分人都认为会影响她的学习，但是她说自己本来很怯场，所以想通过选秀节目的海选来锻炼一下自己，如果当着这么多观众的面她能挺过来，那么考场上的压力也就算不了什么了。其实，选秀不仅仅是表现自己的舞台，还是挑战自己的舞台。

选秀节目本身并没有什么，关键是看自己怎么看，如果在选秀

玩乐，丰富生活的营养剂

中学会了自我挑战也是对自己的一种肯定，青少年则更应该敞开心扉，积极面对，这才是新世纪青年应有的精神风貌。选秀，让激情释放，让青春舞动，让才华横溢。让年轻的心在选秀这个舞台上纵情飞舞吧！

敢于挑战就是成功

　　青少年永远走在成长的道路上，无论成功与否，都应该学会试着挑战自己，仔细想一想，人生最大的敌人其实是自己。挑战是一种动力，敢于挑战自我是一种无畏精神。其实无所畏惧，唯一畏惧的应该就是畏惧自己，所以战胜了自我就征服了一切。而往往只有充满自信的人才能真正挑战自我。而那些敢于挑战自己的人也就是成功的人。

　　有这样一则真实的故事，说的是一个双脚残疾的人，要去攀登世界上最高的山脉珠穆朗玛峰。许多人都认为他脑子有问题，没有了双脚怎么登山，但是令人不可思议的是，一段时间之后，这个人的故事竟然上了报纸的头条，"双脚残疾，登上世界最高屋脊"。原本没有人能够相信他能登上山顶，但是他却以一个残疾人的身份做到了，他的内心应该充满斗志，他也应该是一个不屈服的人，更是一个敢于挑战自己的人。能够做到挑战自己的人，也就是一个成功的人。

　　这对无数青少年可以说是一个不小的震撼了，一个残疾人都通过勇敢地挑战自己，并且取得成功，那么作为一个四肢健全的人来说，敢于挑战自己更应该是不在话下。一个人一旦有了信心，有了意志的力量，就具备了敢于挑战自己的素质，就能做成在这个世界上能做的任何事情。人生最大的挑战就是挑战自己，这是因为其他敌人都容易战胜，唯独自己是最难战胜的。有位作家说得好："自己把自己说服了，是一种理智的胜利；自己被自己感动了，是一种

实践 让自己可持续发展

心灵的升华；自己把自己征服了，是一种人生的成熟。大凡说服了、感动了、征服了自己的人，就有力量征服一切挫折、痛苦和不幸。正所谓靠山山倒，靠人人倒，靠自己最好。别人只是你的一种辅助，而自己才是最重要的，自己把握自己的今天，敢于创造辉煌的明天，这才是挑战性的胜利，你才是笑到最后的人！

如果抬头看一看自己的生命，就会发现人的生命似洪水在奔流，不遇着暗礁，岛屿难以激起美丽的浪花。苦难是块磨刀石，它能使你战斗的武器锋利无比，在身经百炼之后一切难题会迎刃而解。其实成功的关键不在于人生是否一帆风顺，而在于你是不是一个敢冲撞命运，勇于挑战自我的天才。

青少年在成长和学习的过程中，都有许多对手，其实最大的对手就是自己，自己最难对付的就是自己的心态。有了好的心态就等于完成了挑战，结果对于一个有着良好心态的人来说并不重要。就像是选秀，无论结果如何，学到了敢于挑战自己的精神也是很可贵的，也算是另外一种成功。

玩乐，丰富生活的营养剂

第五章　做人生的掌舵者
——成长，演绎人生的投影机

青少年，一路走来，受益匪浅，精彩无限！

青少年是国家的希望，民族的未来，他们的基本素质直接关系到中华民族的整体素质，关系到国家和民族的命运。

成长的过程，也正是身心发展的关键时期，单纯的学校教育已不能满足时代的发展需求，青少年还必须接受课外的一些知识来丰富自己的头脑，充实自己的生活。只有这样，才能挑起建设国家的重任，征服世界，征服未来，才能实现自己的人生价值和理想。

1.诚信——人生的通行证

> 　　诚，乃信之本；无诚，何以言信？诚而有信，方为人生。知识是财富，诚信也是一种财富，拥有知识能使你变得充实，拥有诚信能使世界变得更美好！
>
> 　　　　　　　　　　　　　　　　　　　—— 无名氏

　　古人云：诚者，物之始终。《周易·乾》中讲：修辞立其诚，所以居业也。意为君子说话、立论诚实不欺，真诚无妄，才能建功立业。诚信，简而言之，即诚实、守信。"诚"乃指诚实、真诚和忠诚，要求表里如一，不自欺和欺人。"信"就是真实和信守诺言，要求"言而有信"。

　　诚信是一个民族的美德，是一个企业的资本，是人们交际的准则，是人生的通行证。有人曾说过："如果你失去了金钱，你只失去了小半；如果你失去了健康，那么你就失去了一半；如果你失去了诚信，那么你就一贫如洗。"青少年朋友一定要握好人生的这张通行证，拥有了它，你才能在以后的人生路途中畅通无阻。

诚信，美德的基石

　　参天大树挺拔耸立，靠的是深扎大地的根的默默支撑；凌云高楼气势撼人，靠的是厚重坚硬的基石无语的支撑，那么，人又是靠

成长，演绎人生的投影机

什么来支撑起无比瑰丽的人生呢？不同的人有着不同的答案。在财富品质排行榜上，荣获冠军的是——诚信！不错，诚信是财富的第一品质。坚守诚信，就是坚守气节和操守；坚守诚信，就是坚守做人的根本。

古往今来，有关诚信的故事俯拾即是。商鞅立木取信，获得百姓信任，从而推行了新法；奥骓不负信，获得世人尊敬；季扎挂剑了却徐国国君的心愿，传为千古佳话。这一个个的故事，不正在向大家阐释中华民族的"诚信"美德吗？诚信是一种修养，一种文明，作为蓬勃向上的中学生，你们需要追而求之，歌而颂之。

翻开中华民族五千年厚重的文明史，也不难发现，商纣失诚信，加速了国家的灭亡；楚怀王失信，不但亡了国，还使一代贤臣饮恨汨罗江……历史在讴歌诚信的同时，也无不在痛诉无信的恶果。民间谚语道：宁可穷而有志，不可富而无信。不难理解，诚信是人们立身、修德、处世的根本。

古往今来，"诚实"便是英雄们惺惺相惜，成就大业的根本。无论儒法，还是老庄，"诚实"总是作为君子最重要的美德出现的。古书上处处写着君王以诚治国，诸侯以诚得士的故事。信陵君正因诚实得到侯君，抗秦救赵，名扬四海，刘皇叔正因诚信打动了诸葛孔明，三分天下，成就霸业。而梁山上，那些英雄好汉，一诺千金，两肋插刀的豪情，更被写进了才子名著，感动着千百万读书人。诚实是基石，诚实是资源，诚实更是迈向成功的阶梯。

一个诚实的人首先是一个诚实待己的人，一个敢于面对自我真实面目的人。这样的人能全面客观地审视自我，既不妄自尊大、自欺欺人，也不妄自菲薄、自我贬低。俗话说"知己知彼，百战不殆"。对自己的情况了然于心，就已经成功了一半。因为只有那些全面把握自己优点和缺点的人，才能真正了解自我成功的可能性和局限性，既不会因为他人的赞誉或阿谀奉承忘乎所以，也不

实践　让自己可持续发展

会因为别人的否定或自己的一次失败就气馁。这样的人往往会在别人惊奇的目光中从小成功走向大成功。这就是诚实所具有的特殊人格力量。

中学生，祖国未来的接班人，切记：诚信是道路，随着开拓者的脚步延伸；诚信是智慧，随着博学者的求索积累；诚信是成功，随着奋进者的拼搏临近；诚信是财富的种子，只要你诚心种下，就能找到打开金库的钥匙。

诚信，做人的根本

子曰："人而无信，未知其可也。"诚信既是为人处世的根本，又是成就事业、安邦治国的根基，是中华民族传统美德的体现。通览历史，社稷之兴衰，足以证明诚信乃成功之道，乃做人之根本。

"曾参杀猪"的故事，没有人不知道。曾参是孔子的弟子。一天曾参的妻子要出门，儿子就哭着要跟着他去，曾妻安慰儿子说："你别去，也别哭，妈妈回来给你杀猪吃。"她从街上回来以后，见曾参正准备杀猪，忙制止道："我不过是哄孩子，何必当真呢？"曾参却说："如果不杀猪就欺骗了孩子，也就是教孩子说谎。"曾参坚持自己的看法，把猪杀了。

他的这种诚信品质不仅体现了自己做人的原则，还教育了孩子做人要讲诚信。自古以来，诚实守信是中华民族的传统美德，它早已融入我们民族的血液中。诚信是为人处世的基本原则。小到为人诚实不说谎，大到对事业、对祖国的忠诚，诚信二字渗透到生活的各个层次里面。我们为了处世，与人交往，就要讲究诚信，即诚实守信。一个诚实的人，不论他有多少缺点，同他接触时，心神会感到清爽。这样的人，一定能找到幸福，在事业上有所成就。这是因为以诚待人，别人也会以诚相见。

"诚"就是诚实无欺、诚实做人，实事求是；"信"即有信

成长，演绎人生的投影机

用，讲信誉、守信义不虚假。

美国第一任总统乔治·华盛顿曾就诚实的品格谈了一番意味深长的话："我希望拥有坚强和美德，以保持我那诚实的品格，这种品格我认为是最令人羡慕的头衔。"褒扬和支持诚实行为，并身体力行，是我们最大的利益之所在。只有诚实地生活，我们才能够彼此和谐，问心无愧，才能有一个清平祥和的生存环境。

法国作家巴尔扎克说："遵守诺言就像保卫你的荣誉一样"，而在中国也有一句"君子一言，驷马难追"的说法，人在理智状态下一旦许下诺言，就要忠实地履行承诺。无数的事实都告诉我们交往中不兑现自己的诺言，失信于人，就会产生信任危机。殊不知，"凡轻诺者必寡信"，"人而无信，不知其可也"。在生活中，很多经验在告诉人们，不讲信用的人可以欺人一时，但不能欺人一世，一旦被识破，他就难以立足于社会，其结果既伤害了别人，也伤害了自己。为人诚实，言而有信，能得到别人的信任，也是自身道德的升华。

中学生在做人处世方面，最基本的就是从诚信做起。

诚信是一种力量，它让卑鄙伪劣者退缩，让正直善良者强大。诚信无形，却在潜移默化中塑造无数有形之身，永不褪色。诚信以卓然挺立的风姿和独树一帜的道德，高度赢得众人的信任和爱戴。诚信作为一种传统美德，是现代人交往的"信用卡"，也是维系人与人感情的"信誉链"。有了诚信，人际交往才会变得有序和有效。

实践
让自己可持续发展

2.谦虚——灵魂的净化器

> 伟大的人是决不会滥用他们的优点的，他们看出他们超过别人的地方，并且意识到这一点，然而绝不会因此就不谦虚。他们的过人之处越多，他们越认识到他们的不足。
>
> —— 卢梭

在每一个人追求成功的人生道路上，谦虚是他们必备的一种品质。谦虚是一个人正确对待自己，正确对待别人的重要道德要求。谦虚不是软弱而是自知，是一种广阔的胸怀，是一种虚怀若谷的情操，是一种难得的品质，是一种对知识、真理追求的真诚态度。只有谦虚的人才有智慧的头脑。

伟人毛泽东说过：谦虚使人进步，骄傲使人落后。青少年朋友在成长的道路上，更应该以此作为自己人生的座右铭，时刻以这句话来激励自己，在以后的人生中可以更好地茁壮成长。

谦虚，是一种美德

谦虚是人类的美德，一种难能可贵的美德。

中国有句古话：满招损，谦受益。它从正反两方面对其进行了精辟的总结。自满的人会招来损害，谦虚的人会受到益处。它告诉人们骄傲自满有害，谦虚谨慎有益的道理。一个人如果自满了，那

成长，演绎人生的投影机

么他的智慧便到了尽头，不可能有任何发展；一个人如果能做到谦虚，他的智慧便能不断地发展。

事实正是如此，在世界上，没有一个人能够拥有骄傲的资本，因为任何一个人，即使他在某一方面的造诣很深，也不能够说他已经彻底精通，彻底研究透了。要知道，"山外有山，人外有人"。生命是有限的，而知识是无穷的。任何一门学问都是无穷无尽的海洋，都是无边无际的天空……没有人能够认为自己已经达到了最高境界而停步不前。若是这样，结果只能是被后人很快追上，甚至于淘汰。

常人道：人生有涯而学海无涯。不管一个人是怎样的聪明博学，他的知识永远是人类整体知识里的沧海一粟。"海纳百川，有容乃大。"大凡才识越高的人，越是明白这个道理，因而越是虚心好学，严以律己，持之以恒，就越能成就大事业。谦虚的人，言谈举止谦恭有礼，不专断、不傲慢、不自以为是，在交往中比较容易获得别人的好感，容易得到忠告、帮助和真诚的合作。作为青少年的你们，懂得了这些，拥有了这些，那将是一笔财富，终身受用。

一个人的力量总是渺小的，所知道的也总是很有限，这就要求我们要有一颗最谦虚的心，像大海接纳百川一样，虚心地向所有的人学习，这样才能增强我们的知识与技能，才能使我们广结朋友、受人尊敬。古代的贤名之人多是谦虚的，他们并不因为自己有本事而沾沾自喜。他们懂得自满会给自己带来灾难，他们多是默默地等待伯乐的出现，发现他们身上的价值，然后为知己者劳，为知己者死。

谦虚是一种良好的品质。在我们每个人的骨子里，都有这种美德。只是很多人美而不露，隐藏于心灵的深处，等待着人们去挖掘，去发现。

别林斯基曾说过："一切真正伟大的东西，都是淳朴而谦逊

实践 让自己可持续发展

的。"世上凡是有真才实学的人，凡是真正的伟人俊杰，无一不是虚怀若谷、谦逊谨慎的。谦虚是一种美德，是一种难能可贵的品质。

谦虚，净化人类灵魂

苏联生理学家巴甫洛夫说：无论在什么时候，永远不要以为自己已经知道了一切。不管人们把你们评价得多么高，但你们永远要有勇气对自己说：我是个毫无所知的人。

著名的文学家、思想家、革命家鲁迅先生曾经说过："不满足是向上的车轮。"只有谦虚谨慎，不骄傲自大的人才能获得成功，一步一步向人生的顶峰攀登。它是人生成功的奠基石，是黑暗中指引方向的路标，是乘风破浪前行的有力武器。

正在接受知识的青少年们，要时常保持着"谦虚"的心态去学习，要抱着"不满足"的心理去接受新的世界。谦虚可以使人进步，而骄傲使人颓废。谦虚得荣，自满则自毁前程。自满会遭到别人的嫉妒，自然也会遭到别人的陷害。如果一个人骄傲自满，狂妄自大，即使是最亲近他的人，也会厌恶之而远去。古代像孔子、老子这样道德高尚的人，尚怀自满招损的恐惧，那么我们这些普通人更应该时刻铭记古训，克制自己的骄傲、自满之心。魏征也曾对唐太宗说："自满者，人损之；自谦者，人益之。"

我国伟大的文学家、历史学家郭沫若先生，一生中曾创作过很多作品，名声大震，可他仍然不忘虚心听取别人的意见。在一次演出前，临时将一句台词进行更换。这并不是没事找事做，而是在原优秀作品上镀上一层金，味道更浓了。但是，有些人并不是这样，他们一直自认为自己很优秀，很了不起，不愿意听取别人的意见，总是一意孤行，任凭自己胡乱操作下去，结果可想而知。

姜尚石番溪边垂钓待圣贤，他没有因为自己是昆仑弟子而自夸

成长，演绎人生的投影机

门弟，大宣自己多么厉害，而是默默地在石番溪旁直钩垂钓周文王，最终为姬氏家族挣得殷家天下。

孔老夫子，他是我国古代伟大的教育家，弟子万千，有名的就有 72 人，他可以被称为是最聪明的人了，他可以自满一下，他也有这个条件，他自满了没有？他没有，他只是说："三人行，必有我师焉。"他的弟子遍天下，他的老师也不少。

还有受世人崇敬的周恩来总理，一生谦虚谨慎，平易近人，身为总理虽日理万机，公务繁忙，但每到一处都要深入群众，了解情况。一次，他到上海考察，与电影演员们会面，在亲切交谈中，有个小同志热情地向他建议，说："总理，您给我们写一本书吧！"可他却回答说："如果我写书，就写我一生中的错误，让活着的人们从过去的错误中吸取教训。"

众多的事例在告诉我们，谦虚不仅是一种美德，更是一种激励青少年积极向上的力量。谦虚更能显示人的智慧。人人都希望自己充满智慧，变成聪明人；只有谦虚地去学习，在成功中不断进取，一步一个脚印，才能产生更多的智慧。

谦虚是一种美德，也是一种修养。谦虚者可以包容别人、善待别人，学习和吸取别人有益的经验和知识，从而提高自己，避免浅薄无知。常怀谦虚之心，会多一分清醒，少一分陶醉；常怀谦虚之心，会多一分合作，少一分孤立；常怀谦虚之心，会多一分警惕，少一分危险。

实践 让自己可持续发展

3.积极——乐观的好心态

> 青春是有限的，智慧是无穷的，趁短暂的青春，去学习无穷的智慧。
>
> —— 高尔基

有人说：积极乐观的人就像太阳，照到哪里哪里亮，走到哪里哪里就会很温暖，积极乐观的人给别人带来希望、带来快乐！

生活不是没有阳光，是因为你总低着头；不是没有绿洲，是因为你心中一片沙漠。拥有积极心态，就会拥有永恒的快乐！健康是每一个人的梦想，对于我们来说健康的定义就是："用积极乐观的心态去面对生活中的每一件事并且要勇于挑战自我。"

挫折，是上帝的恩赐

在人生道路上，每个人都要去面对不同的困难和挫折。而这些阻碍人们前进的绊脚石，谁也不能不让它存在，最好的方法就是学会搬走它，用一种积极乐观的心态去正视它的存在。众所周知，每一个成功人士的心态都是积极的、乐观的。如果一个人能够积极地面对人生，乐观地接受挑战和应付困难，那他就成功了一半。

青少年在学习的过程中，或是在以后的人生道路上，都难免会

成长，演绎人生的投影机

遇到困难和挫折。面对这些困难和挫折，能够正确地应对，对于他们来说显得尤为重要。挫折也是人生旅途上的一块巨石，利用它，你可以砥砺精神的刀锋，开掘生命的金矿，从自信、乐观、勇敢、诚实、坚韧之中找到人生的方向。

在人生中，遇到挫折就像大自然中的刮风下雨，谁都无法避免。有的人，被风雨击倒了，被挫折征服了，被困难吓倒了，他的人生从此就变得灰暗了。而有的人，接受了风雨的洗礼，经历了挫折的磨炼，战败了困难的挑战，他的人生从此便一片光明。

世界上最伟大的音乐家——贝多芬，一生中充满着痛苦：父亲的酗酒和母亲的早逝，使他从小失去了童年的幸福；正当他步入创造力鼎盛的中年时，他又患耳疾，双耳失聪。对于一个音乐家来说，无疑是一个很大的打击。每次经历挫折磨难时，他总是大声呼喊："我要扼住命运的咽喉，它决不能把我完全摧倒。"贝多芬一生历经无数挫折磨难，但是，每一次痛苦和哀伤在经过他的搏击和战斗后，都化为欢乐的音符，谱写成壮丽的乐章。

常人说：谁想收获欢乐，那就得播种眼泪。的确，贝多芬的一生，本身就是一部同世界、同命运、同自己的灵魂进行不懈斗争的雄浑宏伟的交响曲。其实，在这个世界，确实存在太多问题，也许有太多不如意，但是生活还是要继续。无论面临什么样的挫折，都可以看作是上帝给予的恩赐，目的是要锻炼自己。古人云：天将降大任于斯人也，必先苦其心志。心里充满阳光，世界也会充满阳光。也就是说每个人的一生中都会有困难和挫折；唯有抱着积极的态度，才能战胜挫折。

作为青少年，绝不能低头，而应以一种积极的心态，理智、客观地分析挫折产生的原因，并采取恰当的方法来克服挫折。感谢挫折，生活才会因此而丰富，人生的体验因此而深刻，生命也因此而更趋完美。不经历风雨怎么见彩虹。其实没有人能够随随便便成功，只要我们以积极健康的心态去面对困难和挫折，就可

实践

让自己可持续发展

以做到"不在失败中倒下，而在挫折中奋起"。没有登不上的山峰，也没有蹚不过去的河流。

积极乐观成就人生

桌子上放着一只杯子。有一半的水，刚下了体育课的孩子们走进教室看到了，有些人会说："怎么只有半杯水了，真倒霉！"而有些人还会这样说："还有半杯水呢，真不错！"这两种截然不同的声音响起。前一种我们称之为悲观，后一种我们则称之为乐观。

生活中，点点滴滴的小事就会让我们各自的生活而不同。俗语说得好："世界向微笑的人敞开"，"巴掌不打笑面人"。任何人都不会拒绝快乐，而乐观是快乐的根本。乐观的人收获的是果实，留下的是财富；悲观的人收获的是空白，留下的是痛苦。

不管别人如何去议论，每件事都只看它的光明面。要有信心，不管是对你、对其他人，或者是整个世界，每件事最后都会好转的。不要让这个信念动摇，把你坚定不移的信心表现出来。如果别人说你实在是过度乐观，告诉他们，要过度乐观是不可能的，每一个经验——即使是最不愉快的一个——也带有一些满足的种子。

正如爱迪生的一句名言："我的成功乃是从一路失败中取得的。"事物永远是阴阳同存，好坏并进；事物发展的轨迹总是波浪前进，螺旋上升。对于生活中的阴暗面，青少年是生长在七八点钟的太阳，如果我们没有能力抑制、消灭时，我们还是不看为好，何必让那些苍蝇臭虫一样的人或事弄得自己恶心与不愉快呢？昨天会成为过去完成时，而我们青少年也正在努力地改变着。

作为青少年，如果你觉得悲观情绪左右着你的判断，你开始觉得对未来失去信心的时候，不要忘了提醒自己时间正在一分一秒流逝。悲观本质上是不切实际的，因为它让你在还没有发生并且也不

成长，演绎人生的投影机

一定会发生的事情上浪费了时间，它阻碍了你完成应该完成的事情。有人说：生活就是一面镜子，你对它哭它亦哭，你对它笑它亦笑。快乐是一天，不快乐也是一天，为什么不乐观、快乐地度过每一天呢？

对于青少年来说，乐观是我们追求的一种态度，积极乐观的人生态度，有时候比什么都重要。在乐观中撷取一份坦然，你的面前就会盎然多彩，在悲观中摘下一片沉郁的叶子，只能瓦解你积攒的力量。乐观态度能使一个人用生命去谱写对事业的热爱，抱着乐观的态度去面对生活，面对一切，会让你快乐、幸福。乐观、积极、向上的人生，是我们每个人所向往和追求的，只有充满丰富内在而乐观的人才是幸福的。

4.目标——人生的导航灯

> 每走一步，都走向一个终于要达到的目标，这并不够，应该每步就是一个目标，每一步都自有价值。
>
> —— 歌德

目标是人生当中最为主要的一项"生活"必须专用商品，假如一个人没有了目标，那么这个人的在世意义也就消失了。如果他时时为自己定下一个目标，那么这个人的生活就会丰富多彩。

人的生活并非只是一种无奈，而是可以由自身主观努力去把握和调控的，人生的方向是由"心态"来决定的，其好坏足以明确我们构筑的人生优劣。坐而言远不如起而行之。可是，这需要有一个明确的目标，为你指引前行中的人生方向。

人生是什么？人生的目标是什么？目标不能说不重要，目标决定了人生的走向，但人生不等于目标，人生是向着目标运行着的整个过程。人生目标是我们永远的明天，我们的人生永远是今天，是此刻，是转瞬即逝的现在！

有目标，才有梦想

梦想和目标，是大家经常听到的两个词，也是经常挂在嘴边的两个高频率词组。梦想可以是模糊的，可以是美好的，可以是没有

期限的，而目标则不能，目标必须是明确的，必须是现实的，必须是有期限的。然而，目标又永远为梦想服务着。

人的一生，如果没有梦想，生活将变得没有意义；如果没有目标，人生将失去航行的方向！人生要获得成功，就一定要有一个明确的目标，没有目标就不知道努力的方向。否则犹如巨轮梦想驶上大海，但是却没有确定的航标。许多人也曾看到了机遇，也曾梦想成功，但他没有把自己的梦想变成人生奋斗的目标。

人生舞台是个战场，上战场一定要有目标，没有目标的战斗一定会惨败。当我们看到那些对人生怨叹无奈、长吁短叹的朋友时，可以肯定地说，他们若不是没有人生的目标，就是不知道如何去达成他们的目标，而偏偏这世上充满了这类怀才不遇、时运不济的人，事实上，了解目标设立的重要并实际执行，将会使成功具体地在每一天的努力中实现，我们是可以拒绝"怀才不遇，时运不济"的。

你若有作家的资质，在一天之内写出一部百万字的长篇小说，你肯定做不到。但是，如果你每天写 1000 字，坚持三年，你就可以完成一部百万巨篇；你若想成为一名运动员，现在让你一口气做 100 个俯卧撑，你恐怕会摇摇头。但是，如果你每天做五个，一天天累积，三个月后，就会很轻松地做完 100 个俯卧撑。

现实生活中，你也许会发现许多目标看起来一时难以实现，但是可以把它们分成若干可以实现的小目标，然后集中精力想办法去逐一实现这些小目标。当这些小目标全部实现时，你的大目标也就实现了。作为新世纪的中学生，你们的梦想是灿烂的、辉煌的，但是这一个个梦想是要从小小的目标开始做起的。

众人都知道，一个人要想获得成功，最重要的就是要选择好人生的奋斗目标——你最终想要到达的地方，然后设计好路线——第一站要到达什么地方，用多少时间，第二站要到达什么地方，用多少时间。设计好你的路线后，你只需"按图索骥"，一步一步向终

实践　让自己可持续发展

点前进，终有一天你能到达终点，得到你想要的东西。目标一步步达到了，梦想也就近了。

目标，成就人生梦想

有位名人说：有什么样的目标，就有什么样的梦想，什么样的人生。

在生活中，每个人都渴望做好自己的事情，来成就自己的人生，从而取得人生的成功，去实现自己的梦想。而这所有的一切，都离不开那些小小的目标。在人生这一个过程中，能否确定自己合理正确的人生目标，有时也显得至关重要，因为目标决定着你将会是成功或者是失败。

现在，越来越多的中学生对自己的梦想很明确，却对自己的目标很迷茫。这是错误的做法。"想成为一个杰出的科学家？""想成为一个成功的政治家？""想成为一个著名的作家？"……梦想辉煌又明确，而目标呢？眼前学习奋斗的目标呢？如果你们这样下去的话，这所有的梦想只能是昙花一现。如果大家都向着自己的目标去奋斗，在梦想的天空里展翅翱翔，我们的人生将会与众不同！

目标是一切行动的"动力"，更是决定成功的关键。实践目标时只要记住"目标就在你的前方"，定能突破万难，美梦成真！

"如果能够重新再来一次，我将做……""如果我再年轻几年，就能做更多的事……"相信你我的生活中一定时而发出这样的感叹，只因为悔不当初没有想清楚，没有完善的计划，所以我们因此而错过了许多人生的乐趣。如果，在行动之前就先在空白处填上"我想、我要、我能、我的愿望"，相信在未来的生命里，就不会有这么多的遗憾了。

在生活中，人们的遗憾太多了，减少遗憾的最好方法就是，先问问自己到底对什么感兴趣，因为兴趣是老师，可以引导你走向梦

成长，演绎人生的投影机

想的海洋。有了兴趣，就会有目标，有了目标，才会有自己的梦想。而这个梦想来自于渴求成功的欲望，带着这个欲望才能在梦想的海洋里自由遨游。

　　我们可以尽自己所能去梦想，也许目标非常远大，但只要是可达成的目标，一定可以分成远期、中期、近期来逐一完成，再以终极目标为引导，做一个详细的计划，让每一个小计划的成功来堆砌大计划的成功，如此由近而远，由小而大，必能达成目标。

　　大家都明白，没有目标的人生是盲目的，没有梦想的人生是暗淡的。所以要想成就自己的梦想，就必须先有自己的人生目标。不是没有目标就不可以活，只是没有目标会活得很累！因为目标是动力，没有动力的人不会轻松！有了目标，方可成就中学生那些非凡的人生梦想！

实践 让自己可持续发展

5.思考——智慧撞击行动

> 上帝所做的、胜过一切想象中的幸福行为，莫过于纯粹的思考，而人的行为中最接近这种幸福的东西，也许是与思考最密切的活动。
>
> —— 亚里士多德

每个人都有不同的认识真理的能力，但有能力认识真理并不等于就可以发现真理，只有那些善于思考的人，才能运用所掌握的认识去发现真理。因为他们知道，思考是人类最大的乐趣之一。

青少年正处在学知识的黄金阶段，在学习的时候，千万不可一味地埋头苦干，一定要学会思考，并且善于思考。做一件事的时候，想一下为什么要这样做，有没有更好的方法，如果不这样做会有什么结果……要明白，只有想不到，没有做不到。人与人之间最大的差距就在于谁思考得多、思考得深、思考得对。谁善于思考，谁就更接近成功。

智慧源于思考

每个人都想让上帝赐予自己不同的智慧，因为智慧是很美好的东西，值得人们毕生去追求。然而，要追求智慧，就一定要学会科学的思考，不然就难以避免愚昧和可笑。如果尚不自知，那就很悲

成长，演绎人生的投影机

哀了。人类似乎很难避免种种悲哀，但至少应避免无知无智的悲哀。因此，要想拥有智慧，就要首先学会思考，这是关键。

思考，是人生的一个重要环节。正确的思考会引导你走向正确的道路。中学生在面临人生的抉择和迷失自我方向的同时，冷静且有理的思考，是影响你的关键。因为那时的你，也许心慌意乱，也许彷徨无知，也许你根本听不进别人对你的良言，你的思绪随着心情一起摇摆不定，若做了错误的选择或是自暴自弃，将会使你的人生逐渐走向痛苦和绝望。

因此，要思考一些有意义、正确而又有理的问题，经过大脑的冷静处理后，就变为你终身受用、"无价"的智慧。

有这样一个小寓言：一只青蛙看到一只蜈蚣，它跳到蜈蚣身边，问："蜈蚣呀，我一直很疑惑，你们蜈蚣到底走路时先迈的是哪只脚？"顿时，蜈蚣就趴在那了。过了尚久，他才回过神来，又开始爬起来，蜈蚣说："青蛙，你以后千万别问其他蜈蚣这样的问题，要不然他们就不会走路了。"

这个寓言幽默中带着讽刺，讽刺的是那些只思考无谓的、无意义的问题的人。这些人只会让人感到问题的愚昧和无知，当然，他们也不是有智慧的人。

很多事实表明：智慧的人善于思考，而常善于思考的人多智慧。因此，慧者处事时，能够从容淡定，左右逢源，有高度，有深度，有力度，需要斗智时斗智，需要斗勇时则斗勇。智慧之人，有着明智之举，可以冷静地处理一些棘手的事情。

中学生时代，是青春期萌发的时期，这个时候他们有着叛逆、迷茫、矛盾、冲动的心态，对周围的世界充满了好奇，总有着蠢蠢欲动的想法。可是，他们对认知事情还不成熟，一旦思考的问题、思考的方向出现了错误，那将是一种可怕的误导，而不再是智慧。

因此，明智的思考是重要的，尤其是思考的方向。人在遭遇

实践
让自己可持续发展

困难时，心中尽是慌张、恐惧，更不要提这些处事欠缺的青少年。这时候的你，最容易胡思乱想，往往一件很简单的事情，却会被复杂化，而造成误会又无法得到消除，就会产生不可挽救的悲剧。

经常思考的人，会把握好自己的思考方向，而这又取决于你的智慧。你越能运用智慧来思考，你的思虑就能比人更稠密，也能知道自己的缺点，并加以改正。也更能礼让别人，使周围的人向自己学习并共同约束，精益求精，日新又新。这样就可以改善我们的心灵，进而改善社会甚至国家，使它们富强，通向理想的大同世界！智慧源于思考，思考又积累出一个又一个的"智慧宝囊"。

善思考，敢行动

中学生时代，对周围的环境充满了疑问和好奇，进而也"加速"了他们大脑的思考。可是，仅仅坐在那思考而不行动，等于是没有意义的思考。有位名人说得好：只有思考和行动两者巧妙而完美的结合，才把你送进成功的殿堂。

善于思考的人，用思考来决定前进中的方向，用行动来完成要达成的目标；用思考来寻找解决困难的方法，用行动来把各种困难化解……若把两者运用得十分自如，你就可以真正体会到什么叫做事半功倍，心想事成。在善于思考的基础上，中学生要敢于行动，有了行动，才可以把思考的问题"实践"起来。

不知哪位名人说过：思考是行动的开始。还有些人把人的大脑比喻为火车，如果你想把火车的时速提高 10 公里，修一修火车的发动机就可以了；如果你想让火车的速度翻一番，你就必须摒弃那些传统的思考方式和行为方式，从另外的角度重新考虑问题并加以行动。的确，思考是一切活动的起点，是创造和行动的源代码，是

成长，演绎人生的投影机

成就完美人生的基础。作为新世纪的青少年，没有积极的思考，行动无从开始，梦想从何谈起。

只是一味的思考而不行动，那是纯粹的空想，是永远不可能成为成功者的。在生活中，一个人一旦有了清晰的目标，首先就要学会分解自己的目标，然后立刻采取行动达成这些小目标，并不断地进行修正再修正。如此反复下去，你才发现，离成功越来越近。

处于学习阶段的你们，目标清晰，并不断地在达成目标的时候，不断地思考着犯了错的问题，并采取一些行动才纠正它、完成它。善于思考、敢于行动的人，往往会取得一些成就，并在某方面有着自己独特的见解。青少年，应该养成思考并行动的习惯，有助于自己以后人生的发展，更重要的是，要坚持，要有毅力，才能通向成功的道路，迎来灿烂的人生。

实践
让自己可持续发展

6.责任——卓越的原动力

> 责任心就是关心别人，关心整个社会。有了责任心，生活就有了真正的含义和灵魂。这就是考验，是对文明的至诚。它表现在对整体、对个人的关怀上。这就是爱，就是主动。
>
> —— 穆尼尔·纳素

英国王子查尔斯曾经说过："这个世界上有许多你不得不去做的事，这就是责任。"

责任，首先就要有责任感。责任感是一个人立足社会、获得事业成功所必须具备的人格品质之一，它是一个人对自己的言论、行动、许诺等持认真积极的态度而产生的情绪体验和反映。有责任感的人能够很容易地获得别人的认同和支持；有责任感的人会尽自己所能去完成自己应该承担的那部分责任，即使未能完成，他们也会勇于承担。

作为一名中学生，作为祖国未来的希望之花，我们都应该有责任感：对国家、社会、对家长、学校、老师以及我们自己，但只有这种觉悟还是不够的，关键是行动。有了责任感，不仅能创造生命的奇迹，还能让人生大放异彩。

成长，演绎人生的投影机

责任，创造生命之奇迹

一个人心中有了责任感，就可以创造出常人所不能创造的奇迹。也许，这让人难以置信，可是这是事实。在我们的周围，可以看到很多美丽的事情：蝴蝶的美丽在于它斑斓的色彩，鱼儿的美丽在于它水中灵巧的身影，白兰鸽的美丽在于它的纯洁和给人们带来的和平的希冀，马的美丽在于它奔跑的速度和因奔跑时发出令人遐思的节奏。然而，这一切的美丽无论如何都比不上人生命的美丽。

莎士比亚曾经说过：人是万物的灵长，是一切生命的精华。没有了生命，一切将变得虚空而没有任何价值和意义。是的，有了美丽的生命，才创造了生命的奇迹，才创造了人类的文明，也因此创造了社会的历史。

责任可以创造出生命的奇迹。是的，一个母亲在危难时刻，为挽救自己女儿的生命，心中因怀着母亲的责任，而创造出了感人的生命奇迹；一个 13 岁的孩子，怀着对社会的那份责任感，救了一位落水老人，创造出了美丽的生命时刻……还有很多很多这样感人的故事。他们不求什么回报，只因心中那份对自己、对社会、对他人的责任。

小时候，大家就学习张海迪、海伦·凯勒的那股在命运面前不认输的精神，这种精神创造了她们生命的奇迹。一个残疾人，整日卧床，不能享受别人可以拥有的生活，可是，她却学到了常人所学不到的知识，创造了常人所不能及的奇迹；一个生活在盲、聋、哑世界里的残疾人，面对那无边无际的黑暗和死一般的沉寂，她并没有放弃对生活的追求，而是努力地摸盲文、拼单词和学习说话，取得了巨大的成功。

中国铁通公司的张亚平身患癌症时，他说："癌症虽然可怕，但如果抗争，还可能创造奇迹，我不能等死，必须振作起来，即使

实践
让自己可持续发展

倒下，也要倒在工作岗位上。"他以超人的毅力和强烈的责任感，不仅创造了生命的奇迹，而且完成了铁路大提速牵引试验通信保障的重任。在挑战生命、挑战极限的过程中，张亚平实现着自己的人生价值，奏响了一曲不畏困难、战胜病魔的生命之歌。

生命是可贵的，没有一个人愿意随便地抛弃它。这就需要有责任，心中有至高的责任感。正是这样才可以与命运抗争，与病魔作战，创造出生命的奇迹，开发生命的潜能，提升生命的质量，让生命战胜挫折，让生命体验到爱，让生命不断超越与完美，让生命感到快乐与成功，让生命更健康更美丽，让痛苦、自卑、委屈、失望、恐惧、孤独远离生命，让生命更美丽。

责任，创人生之奇迹

人生的坎坷教你学会了承受，生活的打击教你学会了坚强，社会的多元教你学会了选择，亮丽的美景教你学会了欣赏，时光的流逝教你学会了珍惜，责任的存在则教你懂得了人生的意义，助你迈向成功。

而真正的成功者都是有强烈责任感，遇难决不放弃的英雄。他们不会为自己的弱势寻找任何借口，无论在什么情况下，都会积极主动地寻找解决问题的办法，不说苦，不说累，总是以积极的态度，毫无抱怨地面对困难。责任的存在，是上天留给世人的一种考验。勇敢面对这些困难的人，可以创造出人生的奇迹；而那些逃避考验的人，会随着时间消逝，不会在世界上留下一点痕迹，这样的人生是没有意义的。

作为中学生，祖国未来的接班人，有着对社会、对国家、对人生、对生命的责任。因为你们即将走在人生的十字路口，用"责任"来装饰你们的人生，成就你们的梦想。你们要时刻把责任视为对自己的挑战，对自己的肯定，于是责任就成了在前进路途上一个

成长，演绎人生的投影机

重要的指针。

  责任不是一个甜美的字眼，它有的是岩石般的冷峻。一个人真正地成为社会一分子的时候，责任作为一份成年的礼物，已不知不觉地卸落在他的肩上。

  当今的中学生，当你们踏在人生大道上的时候，要时刻顶着责任而走，虽然有挑战、有汗水，需要毅力的支持，在责任和尊严的道路上，握着明确的人生目标，进而迈向成功的彼岸。人生之路是自己的，没有谁能帮我们走下去。但是，我们用不着战战兢兢怕黑暗吞没了太阳明亮的光线，人生中有那么一次面对朝阳也是一种荣耀。我们不惧怕，因为责任与我们同行。只要有高度的责任感，即使在自己并非最喜欢和最理想的工作岗位上，也可以创造出非凡的奇迹。

7.沟通——心与心的桥梁

如果你有一个苹果，我有一个苹果，彼此交换，那么每人只有一个苹果；如果你有一种思想，我有一种思想，彼此交换，每个人就有了两种、甚至多于两种思想。

—— 萧伯纳

心理学家 ERICK FROM 说过："我们每一个人均有与他人沟通的需要，人类可利用沟通克服孤单隔离之痛苦。我们有与他人分享思想与感情的需要，我们需要被了解，也需要了解别人。"这就是沟通的需要，正所谓沟通是架起人们之间的一座桥梁。

中学生时代，正是接触社会、接触他人的时候，在此期间，人与人之间少不了沟通。而沟通是拉近人与人之间距离的纽带。沟通有着神奇的力量，它能让误解变成谅解，把阻力变为动力。因此，对他们来说，学会沟通就显得尤为重要。沟通能让他们彼此信任和理解，一次成功的沟通，不仅可以让他们少些偏激，多些感激，还可能改变他们的处事风格和习惯。沟通无限，精彩才能无限。

沟通，从倾听做起

沟通是一门学问，也是一门艺术。心灵的默契，言语的合拍，动作的和谐，不是每个人都能悟到的，因为每个人环境不同，只有

成长，演绎人生的投影机

打开心门，坦诚相待。沟通，再沟通，简单的事情重复做，人与人之间才会多些理解，少些误会，才会使家庭和睦，事业蓬勃，友谊长久，生活美满……

人与人之间最宝贵的是真诚、信任和尊重，其桥梁是沟通。沟通是一个过程，是一个交流思想，传达意识，发表看法的过程。

既然沟通如此重要，我们理应学会沟通。在学会沟通的同时，首先应从倾听做起。倾听是一种习惯，倾听是一种尊重，倾听是一种内涵。倾听，是生命中不可或缺的一个章节。

作为中学生的你们，学会了倾听，就会明白什么才是真、善、美，让你们彼此的手握得更紧、心灵贴得更近，从而积累许多难得的经验，少走许多不必要的弯路；是倾听，让一句简单的话语，有了神奇的力量，让那些琐屑的小事，一下子变得无比地亲切起来，让那些平凡的日子，陡然增添了动人的光彩……

记得曾有位著名的心理学家说过："倾听是有效沟通所必备的元素，它是一种接纳的语言。"的确，倾听有利于交往和沟通。在倾听的过程中，是人们接受、分析、理解、分享的过程。很多事实可以表明，一个具有较强倾听能力的人，才可能会有好的人际关系，才能与人很好地沟通合作。

从现在开始倾听，让倾听成为一种习惯。第一个对象，就是家人、朋友和伙伴。倾听，可能比任何道理都具说服力。懂得倾听，比说什么精巧的言词，更能赢得他人的心。

倾听是一种与人为善，心平气和，虚怀若谷的姿态。有了这份姿态，就会多听一些意见，少出几句怨言，或许就意味着家庭中多了一分和睦，朋友间多了一分和气。著名社会学家、语言学家卡耐基说："一双灵巧的耳朵，胜过十张能说会道的嘴巴。"让我们学会倾听，在倾听中提升情趣，感悟人生！

实践 让自己可持续发展

沟通，架起心灵桥梁

人与人、人与动物、人与自然，与千千万万的生灵都需要沟通，不沟通怎么能行，不沟通就无法彼此了解，彼此信任，缺乏了人类交往之间最重要的"了解"和"信任"，那人活在一个冷冰冰的世界上又有何意义呢？

沟通，是人们心灵的交流。因此，只有沟通建立在彼此真心实意的付出上，那才是真正的"沟通"。若人与人之间不互相沟通，就好比天空没有了色彩，到处是一片黑暗。可是，我们不能让一个活的生命活在一个黑暗的世界中，人们根本不属于那里，人们心中所渴望、所追求、所向往的是一个充满爱、理解、有声的美丽世界。而这，就需要沟通，用心的沟通。

当今的中学生，人际关系网广而复杂，沟通自然成为他们生活中的必修课。可是，好多人却把沟通误认为说话、无聊的聊天。很多人在一起，说三道四，编造一些小道消息，这些只言片语就会影响到其他人，或许可以尝到"沟通"的快感，可是却误解了沟通真正的含义。

一句不经意的话语，也许是无心的，殊不知正在引起误解和敌意。愧不如，当时没有说什么！"非典型肺炎"造成的恐慌，很大程度上也是信息通道的不畅，或是一些不确定的因素促发了大众的想象，结果一时造成谣言泛滥所致——谣言杀人。

由此可见，沟通是一门很有学问的必修课。尤其是对刚刚走向成熟期的中学生们，更要好好地学习沟通的艺术和技巧。

在跟父母沟通的时候，一定要注意自己的言行举止。随着中学生对人生了解的日益深入，性格也逐渐形成，会有自己的立场和观点，甚至有可能某些观点与父母的发生冲突，这可能就是许多人所说的产生了"代沟"。这时，如果沟通不善，就会产生矛盾，矛盾

过激甚至会产生不良后果。遇到这种情况，沟通就得占主导地位。作为孩子的你们，要学会尊敬父母的意见，毕竟他们的社会经验比你们丰富。在沟通的过程中，要把"代沟"处理好，与父母进行心与心的交流。

朋友是人生必不可少的调节剂。朋友间，可以谈天说地，无论市井百态，光怪陆离，喜怒哀乐，人生理想，都是朋友间沟通的内容。朋友之间学会沟通，才能保持友谊长存。

人与人之间，沟通无处不在，没有了沟通，一切都是无声的。我们应该细细体会其中的奥妙。学会沟通，方可成就自我。生活中没有沟通，就没有快乐人生。沟通，是通往彼此心灵的桥梁，是促进情感交流的有效方式。但是如果沟通不好的话，也会造成意想不到的结果，良好的沟通，让我们处处畅通无阻。

世上没有一成不变的东西，彼此信任一次，给别人一次机会，也给自己一次机会，拿出我们深埋心底多年的宽广的心扉，架上通往他人心灵深处的沟通桥，彼此用心付出，坦诚相待。共同巩固和拓宽这座心灵的小桥，真真正正地做到沟通无限！

实践 让自己可持续发展

8.独立——青春成长宣言

> 西方有一句谚语，叫"自力更生超过上帝的手"。一个人不论在什么条件下，都要学会重视独立能力的培养，严格要求自己，才能迈向成功的彼岸！

现如今的青少年，会过多地依赖父母而导致缺乏一定的独立自主性，显然，这对他们的成长十分不利。他们应该明白，没有谁能依靠父母一辈子，总有一天要学会一个人面对这个世界。独立才是立世之本，只有独立自主，才能挺起腰杆做人。

有句俗话说得好："娇子不成器"，有几个娇生惯养的孩子能成为有用之材？这就教育他们在日常生活中，该自己做的和通过自己的努力能做到的事情，就不要别人代做，还要力所能及地帮助他人做一些事情。在做这些日常小事的过程中，逐步培养自立自强的精神。

摆脱依赖，学会独立

心理学家调查研究表明，如今的中学生，依赖心理很严重。因为，现在的青少年大多是独生子女，由于父母的倍加疼爱和精心呵护，使一些人不自觉地养成了生活上的依赖性，遇事不是先想到自己去做，而是想到由别人做或靠别人帮助去做。长此下去，形成了

成长，演绎人生的投影机

依赖的习惯，也严重影响了自身的成长。

因此，培养自立自强的精神，就要首先克服依赖性。在日常生活和学习中，要有意识地培养自己的自立能力，克服依赖他人的做法。

青少年是新世纪的一代，是充满希望有所追求的一代，是要独立面对人生，独立面对生活，独立面对社会的一代，不仅事事要独立，时时也要独立！其实，每个人都会有一定的依赖心理，但你身上除了求生存的相互依赖外，还存在着幼稚不成熟的依赖心理。心理学家认为，依赖感首先反映出人的自我中心意识，过分依赖往往是由于过分关注自身而不善于站在别人的立场着想所致。

做事没有主见的你，常常采纳别人的意见，对自己缺乏自信心，总怀疑自己能力不足，甘愿置身于从属地位；总认为自己很难做成一件事，时常需要他人的帮助，处事优柔寡断，遇事希望父母或师长为自己作决定。这样下去，对以后人生的抉择是很不利的，没有人可以帮你作出一切决定。

依赖性强的学生喜欢和独立性强的同学交朋友，希望在他们那里找到依靠，找到寄托。在学习上，喜欢让老师给予细心指导，时时提出要求，否则，他们就会茫然不知所措。在生活上，一切都听父母指挥，甚至连穿什么衣服都没有自己的主张和看法。所以，一旦失去了可以依赖的人，青少年们便会常常不知所措。

为了青少年的健康成长，摆脱依赖心理，在很大程度上取决于依赖者自己。做到这一点也并不是很难，只要你学会去帮助别人、关心别人的时候，你就要一点一点的克服依赖心理。依赖别人，只会使自己更加懦弱和懒惰。陶行知先生说，流自己的汗，吃自己的饭，自己的事情自己干，靠天靠地靠祖宗，不算好汉。

青少年朋友，要想掌握自己的命运，就要克服依赖心理，学会独立、自主、自强。古人云："天行健，君子以自强不息。"被大树荫蔽的树木不易成材，被父母溺爱的孩子难以成功。作为新一代

实践 让自己可持续发展

的青少年，我们不能做命运的奴隶，我们不能做生活的弱者，我们要做展翅高飞的雄鹰，我们要做风雨中的海燕。要做到这些的第一步就是：克服依赖，学会独立。

独立自主，自力更生

其实，我们每个人从出生那一刻起，就对父母有一种天然的依赖。我们依赖他们生存，依赖他们获取食物、温暖和安全，在他们的养育下慢慢成长。随着年龄的增长许多人仍然难以摆脱这种心理惯性。但如果我们要在社会中立足，就应该逐渐克服依赖心理，学会独立生活，培养良好习惯，提高适应社会的能力。

作为当今的青少年，应该懂得：金丝笼中的鸟雀飞不上云巅，温室中的花朵经不起风雨，弄潮儿从来在潮头立，开拓者必定向险处行。这个道理，上小学的你就听到过，可到了实际生活中，就只有理论无法行动了。西方有一句谚语，叫"自力更生超过上帝的手"。的确，一个人的成长离不开父母的抚养，老师的教导，社会的哺育。不过，这些都是外在的因素，学会独立才是关键。

学会自己的主意自己拿。中学生应树立自立意识，学会自主决策，不随波逐流。自主决策就是根据自己的兴趣、爱好和特长，确定一个明确的目标，作出决定，做自己想做的事情，并下决心把它做好。有的学生喜欢看书，有的学生喜欢画画，有的学生喜欢踢球……每个人的兴趣爱好都不一样，我们应该自己拿主意，自己发现问题，分析和解决问题，自己确定行动目标，自己判断和拟定行为方案。

当代青少年，是祖国未来的希望，我们不能做那个连鸡蛋都不会剥的孩子，我们不能做生活中的"残疾人"，什么都要依靠家长。一个人最终会长大，早晚要独立，这是不争的事实。培养自己的独立性，克服依赖性，放手让自己去尝试独立做事。相信自己的能

成长，演绎人生的投影机

力，摆脱依赖他人的心理，就算失败了也无所谓，因为你迈出了独立的第一步。

独立，是自我意识的一种体现。如果说儿童的自我意识近似于一张白纸，成年人的自我意识是一幅布局有序的彩图，那么，青少年时期的自我意识却像已经涂满了五颜六色的颜料，但还是一幅无法辨认的水彩画草图。因此，这个时候应给予青少年关心与引导。那么，青少年也应该注意这个时期的心理变化过程，不要害怕长大，不要拒绝改变，只有这样我们才能慢慢地独立自主，只有这样在将来的某一天我们才有能力自力更生。

亲爱的青少年朋友，我们已经长大，相信我们每个人都不想永远躲在大人的影子里，而希望自己去开辟出一片新天地。生活是充满困难与挫折的，我们要学会凭借自己的力量去克服和战胜它们，养成独立自主的好习惯。我们不应该做温室里的花朵，要做冰天雪地里傲然绽放的梅花；我们不应该做笼中之鸟，要做展翅翱翔的雄鹰；我们不应该成为生长在绿荫下的小树，而要做暴风骤雨中毅然挺立的劲松。

青少年是新世纪的一代，是充满希望有所追求的一代，是要独立面对人生，独立面对生活，独立面对社会的一代，不仅事事要独立，时时也要独立！那么，学会独立，自力更生，努力做一个自强自立的、生活中的强者吧！

实践
让自己可持续发展

第六章　做爱好的启蒙师

——兴趣，奏响生活的新乐章

兴趣是老师，高高兴兴学来的东西永不会忘。

青少年，对这个繁华多彩的世界，充满了好奇，他们就动手动脑开始忙于自己的爱好。爱好即获得知识的第一步，在乐趣中寻找知识和智慧，其乐无穷。

日本教育家木村久一说："天才，就是强烈的兴趣和顽强的入迷。"

爱因斯坦说："兴趣是最好的老师。"

兴趣，青少年成长的启蒙师。

1.集邮，扩充知识的乐趣

> 熟悉规则，不熟悉规则，都可以集邮，因为我们有兴趣；
> 参加邮展，不参加邮展，都可以集邮，只要我们很享受。
>
> —— 吴家治

集邮，是"世界之窗"、"祖国之窗"。透过繁花似锦的邮票"窗口"，你可以看到大千世界和祖国日新月异的变化。集邮几乎是随着邮票的出现就产生了，它不仅是一项有益的社会文化活动，更是具有丰富文化内涵和高度知识性的娱乐活动。在中国，集邮还是社会主义精神文明建设的一个组成部分。邮票中蕴含着丰富的科学文化知识，包括自然科学、社会科学等各学科的知识。因此，如果中学生能够经常欣赏、研究邮票，不仅可以丰富自己的知识、开阔眼界，还可以充实自己的内心世界。

集邮，课堂之外的课堂

集邮是读书，
集邮是生活，
集邮是艺术，
集邮是乐趣，
集邮源远流长。

兴趣，奏响生活的新乐章

　　自从 1840 年世界上第一枚邮票问世以来，集邮已越来越受到人们的喜爱，成为人们扩大自己视野的一条重要途径，可以说，集邮已成了中学生课堂之外的课堂。集邮对中学生的好处主要体现在：

　　培养道德素质。任何国家，无不把最能体现本国特点的美好事物搬上方寸的邮票之上。新中国的邮票内容更是丰富，充分反映了我国建国以来社会主义革命和建设的伟大成就，描绘了祖国的大好河山，记载了祖国悠久的历史、灿烂的文化。因此，邮票是思想性很强的宣传品，爱憎分明，中学生在收集欣赏中就会受到"真、善、美"的教育，培养高尚的品德和良好情趣。中学生集邮，不仅可以在思想上受到熏陶，同时潜移默化地怡养高尚的情操。

　　丰富科学文化知识。多姿多彩的邮票蕴含着丰富的科学文化知识，方寸之地，包容着大千世界，综合着各个门类的学科。集邮爱好者从邮票上可以获取政治、经济、科学、文化、历史、天文、地理、体育、卫生等各个方面的知识和乐趣。因此，人们常说邮票是"人类文明的缩影，形象的百科全书"，这是很形象的比喻。纵观新中国邮票的选题，内容十分丰富：党和国家的重大事件，推动社会发展的古今人物；历史文化积淀，如：陶瓷、青铜器、古建筑、书法等；园林以及独具特色的风景区等壮丽河山、奇异风光，珍稀动物、名贵花卉、珍贵林木等丰富资源，可以说邮票涉及各门学科领域，有很多东西是你在课本上根本学不到的。

　　文化娱乐。世界上有许多伟大的革命家、科学家、文学家以及国王、君主、总统也爱好集邮。如人类杰出的革命导师恩格斯在他的工作之余，辛勤地为马克思的小女儿集邮。毛泽东主席在集邮爱好者杨绍明的邮票上签名留念；鲁迅先生虽不集邮，但常常剪下邮票赠给爱好集邮的人，鼓励人们集邮。中学生经过一天紧张的学习，在课余时间看看自己的邮集，欣赏欣赏邮票，这是一种积极的休息。美国总统罗斯福曾根据自身的集邮经验说："集邮能解除烦

实践　让自己可持续发展

恼，开阔我们的眼界，增长我们的知识，使我们成为更好的公民。同时在众多的方面丰富着我们的生活。"生理学家巴甫洛夫认为集邮是比镇静剂还要好的"药物"。

有利于培养美的心灵。集邮是一种美的享受，还可以受到美的教育。每枚邮票都是一件小型艺术品，画面上有周密的构思，生动的形态，美丽的图案，鲜明的色彩，深刻的内含。欣赏绚丽多彩的邮票，能陶冶我们美的情操，提高我们对艺术品的鉴赏能力。

扩大友谊交流。集邮是一项开放性的社会文化活动，虽然大多数人集邮的目的仅在于满足个人欣赏，但整个集邮活动是社会性的，集邮者藏品的丰富离不开邮友之间的交往和邮票的交流。以邮会友，成为人们之间增加交往、增进友谊的另一种方式。邮票作为"国家名片"，以小见大，以其独特的艺术语言成为世界各国文化交流的"特别使者"，成为国与国之间和人际间文化联谊的媒介与桥梁。我国举办国际邮展引来八方宾朋，正是发挥了集邮的交友作用和社会功能。

集邮小常识

一张邮票，就是一张珍贵的艺术品。中学生在集邮的过程中，只凭一腔热情去收集邮票是远远不够的，还要注意邮票的清洗、保存、去污等工作，以保证邮票的完美收藏。下面就为你简单介绍一下这方面的知识。

如何除去邮票霉点。邮票上的霉点，主要由纸张、油墨、霉斑组成。一旦发现邮票上有霉点，应及时地采取方法进行处理，若处理及时，方法妥当，能够挽回损失。对邮票上的霉点不太严重的，可选择一个好天气，把它晾干，然后用新毛笔将邮票上的霉点轻轻擦掉。如果还有霉迹，可以再用干净的高级绘图橡皮轻轻擦去。霉点较严重的，可用温水加些食盐和牛乳制成的溶液，将有霉点的邮

兴趣，奏响生活的新乐章

票放入浸泡，并用干净的毛笔或棉花轻轻抹拭，有时可去掉一些。但浸洗后必须用清水漂洗一二次，然后再用吸水纸压干，防止再受潮发霉。

如何清洗邮票。虽然集邮者对邮票很爱护，但在收藏的过程中，也难免会出现意外。有时候一不小心就会把邮票弄脏，面对这种情况，不要担心，只要不是邮戳或墨水的污渍，可用"洗洁精"十滴加水十滴，调匀，用干净毛笔蘸了涂在票面上，来回涂几次，然后用清水漂洗干净，即能清洁如新。有的邮票特别脏，怎么办呢？这时可用这种稀释液来浸洗一个小时，再取出漂洗。必须注意的是不要用肥皂或洗衣粉来代替"洗洁精"，以免褪色，损坏邮票，但浸洗后会把背胶洗掉，一般不提倡。不论用什么东西来清洗邮票，邮票的色泽都会受到一定程度的影响，因此，在收藏的过程中还是倍加小心为好。

如何保存邮票。有心集邮，但保存不好等于零。集邮爱好者总是希望自己的邮票品相永远完好，这就需要特别注意邮票的保存。

邮票整理摆放时，一定要用镊子，切记不可直接用手去摆弄邮票，因为手上有汗，会留下手印，尤其是印有金粉的邮票更容易被污染。假如需要把相连的邮票撕开，应先用肥皂洗手并用毛巾将手擦干。单枚邮票从整张邮票上撕下时，千万不能用剪刀，应当沿齿孔的中间反复对折，待有较深的折痕后再行撕扯。唯此，才能保证齿孔状态的良好。

不能在雨天、梅雨季节和大热天整理邮票，因为雨天和梅雨季节空气湿度大，大热天双手易出汗，这时整理邮票易使其发霉或产生黄斑。

有些电子邮票是热敏纸打印，要避免在热源附近，也要避免阳光和空气，以免退色。

新买到的邮册，往往纸张有些潮，因而需要用干燥剂干燥一下，再把邮票插进邮册。邮册应放在干燥通风的地方，要直立不宜平放，更不要重压。阴雨时、烈日下不宜翻看邮册，在多雨季节和黄梅天到来之前，应选择一个晴好天气，将邮册翻阅通风一遍，然后放入塑料袋或其他包装中，以避潮。

对于信销的电子邮票，要区分是否是不干胶的，若是不干胶的，就不能按常规水洗的方法泡，一般来说裁切整齐就可以了。如若想取下，可试着用薄一点的刀片慢慢插入，左右晃动，慢慢揭开，取下后贴在硅油纸上，那当然很漂亮，可是硅油纸可能不是每个人都有，所以裁切整齐就行了。

集邮虽然集万千益处于一身，但是对青少年朋友来说，主要任务是学习，不能把主要精力用在集邮上，集邮不应影响学习。可以在老师的指导下，在课余时间开展集邮活动。在活动中，同学间交流集邮的心得体会，介绍集邮经验，开展友谊交换，明确集邮目的，学会科学的收集整理方法，这样才能提高我们的集邮水平。

兴趣，奏响生活的新乐章

2.运动，健康快乐的源泉

> 静止便是死亡，只有运动才能敲开永生的大门。
>
> —— 泰戈尔

运动是一个人生存的基本条件，人们常说"生命在于运动"，可见运动对人体的重要性。运动不但能起到强身壮体的作用，还可以对某些疾病起到一定的预防和治疗作用。因此，人要活得健康，就必须从运动开始。中学生作为祖国的未来和希望，更要积极地参与到体育运动当中，从运动中获得健康和快乐。

生命在于运动

法国思想家伏尔泰的"生命在于运动"的名言，已经风靡全球，日益被众多的人所接受并付诸实践。生命在于运动，人生短短几十年，虽然并不很长，但人来世间一遭，承担的责任却很重，要做的事情也很多。所以，健康的身体，是多少人可望而不可即的梦想，是多少人意气风发纵横疆场的保证。运动是人类的天性，特别是对于广大中学生来说，你们有更多的时间来运动。中学生是人生过程中发展智力和体力的重要阶段，是培养创新精神和开拓能力，是现代化的思维和素质、坚强体魄的奠基时期。所以，对于中学生朋友来说，更要抓住这个运动的好时机，为自

实践 让自己可持续发展

己身体的健康打下基础。

长期以来，有好多的中学生朋友对"生命在于运动"的理解通常为"保持人的健康生存在于参加体育运动"，这种理解已经约定俗成，尽管它有些偏离了这句话的原意。运动能促进新陈代谢，新陈代谢是生命的基本特征，而数百万亿个生命之"砖"——细胞，不断进行着新陈代谢，才使人体充满活力，正是运动能够促进体内代谢过程，给生命"大厦"增添活力。新陈代谢的进行，需要充足的氧气和营养物质，运动使呼吸功能增强，心脏强大有力，每分钟从心脏泵流出更多血液，将更多氧气运送到全身各器官、组织，给组织、细胞的新陈代谢提供充足的"燃料"。因此，运动是人体这棵生命之树的根基，只有根基苗壮了，人体这棵生命之树才会枝繁叶茂。

我运动，我健康

多做运动，有益健康，这在医学上是有绝对根据的，并且是经过很多人亲身实践证明的。运动对人体的好处是多方面的，经常运动可以保持体力不衰；适当用脑可以保持脑力不衰。"流水不腐，户枢不蠹"，运动（体力的和脑力的）是延缓衰老、防病抗病、延年益寿的重要手段。运动促进消化吸收功能，提高消化酶的活性，使食物营养素更充分地消化吸收，向各器官组织提供更充分的养料，使细胞的衰老步伐明显推迟；运动能提高大脑的功能，大脑支配肢体，肢体的活动又可以兴奋大脑，经常锻炼可以提高动脑的效力，提高回忆的效率，从而增强记忆力；运动能使骨骼、关节、肌肉保持良好功能，使生命的"机器"运转正常，延长各种"零部件"的使用寿命；运动可预防血管硬化，有位病理学家通过对数千具尸体解剖的研究发现，脑力劳动者的各种动脉硬化发生率是14.5%，而体力劳动者只有1.3%，运动可防止胆固醇在血管中沉

兴趣，奏响生活的新乐章

淀，扩展动脉，减少血块完全堵塞动脉的可能性；运动能强壮肌肉，灵活关节，改善肺功能，促进新陈代谢，增加肺活量；运动还能使人精神旺盛，心情舒畅；运动还能增强人体免疫功能，对预防各种疾病以至癌症都有重要作用；适当的运动和休息还可以使心情愉快，人体在锻炼的时候会释放出许多有益的激素，能调节人的情绪和心境，增强抵抗力，有益于身心健康，运动不足将加速生命之泉的枯竭，而坚持运动，定能使生命之树常绿。

人要生存，就必须运动。但是运动必须合乎科学，按照科学规律去运动，才能达到健身的目的。中学生如果不按科学规律去运动，盲目地做一些不适于自己身心的运动，那就不仅得不到健身之效，反而会损害健康。科学地运动锻炼，要做好医务监督及自我监督，体育运动不是简单的蹦蹦跳跳，而是一种必须讲究科学的身体活动，盲目蛮干会事与愿违，科学锻炼方可安全高效。所以，在锻炼的时候要注意以下问题：

1. 自身状况。进行运动的时候一定要根据自己的体质、健康状况、性格、技术水平、学习等方面，选择不同的运动。只有从实际出发去确定合适的运动，才能提高锻炼效果。例如，处在身高突增期的少年，可以多练习一些伸展肢体的动作，性格内向的人宜多参加集体性的活动，身体状况比较好的可选择能促进脑细胞活跃、增强心肺能力的有氧运动等。

2. 运动强度是确保运动效果和安全的重要指标，包括心率、代谢当量、功率等。以心率为例，一般来说，运动的目标心率以达到最大心率的 60%~80%为宜。

3. 运动目的。在参加体育活动时，目的不同，内容、方法、负荷也将不同。以跑步为例，如果是准备参加比赛，就需要有较大的强度；如果为健身，就应采用强度低、不中断的慢跑，每次持续时间不应少于 5 分钟；而以减肥为主要目的时，持续时间最好不少于 20 分钟。

4. 运动时间。一般来说，体育锻炼尤其是较为激烈的活动，适宜在早晨或午睡后进行，因为早晨空气清新，午睡后精力和体力较为充沛，晚间不宜进行大运动量的活动。饭后如果过早进行体育活动，长此以往，人的体力消耗增大，肠胃负担加重，会导致胃溃疡或吸收障碍。饭后休息 1 至 2 小时再进行锻炼，虽对消化系统功能影响不大，但若持续时间较长，会使大脑皮质兴奋而影响睡眠，长期下去会发展为神经衰弱，影响身体健康。在临睡前半小时进行一些放松性的体育运动，有利于睡眠。

当你感觉学习累的时候，当你感觉压力比较大的时候，那么何不用运动来点缀一下自己的生活呢？让运动伴随着你的生命进程，使你生命的"炉火"燃烧得更旺，生命的活力更强大。

兴趣，奏响生活的新乐章

3.观察，获取知识的开始

> 不管过去还是现在，科学都是对一切可能的事物的观察。所谓先见之明，是对即将出现的事物的认识，而这认识要有一个过程。
>
> —— 达·芬奇

观察，是一个人获取知识的必要途径，也是认识客观事物的基本环节。观察能力是指对事物有正确、深入和全面的认识，能很好地把握事物特点的能力。外界事物进入大脑的最重要关口就是观察。对于正处于成长期的中学生来说，观察能力的培养尤为重要。

观察是人们认识客观世界的重要途径，是有计划、有目的、有意识地感知事物的过程。在生活中，中学生只要留心，就会有许多新发现。苹果落地是再平常不过的事情了，但牛顿却从中发现了万有引力定律，开创了科学的新纪元；观察开水沸腾，让瓦特发明了蒸汽机……只要中学生们留心观察身边的日常事物，你就能从中获得知识，发现生活的真谛。

观察能力的培养方法

观察能力的培养，有赖于正确的观察方法和程序，中学生用正确的方法进行观察，对培养中学生的观察力是十分必要的。

实践
让自己可持续发展

一、观察兴趣要培养

热爱生活，热爱大自然。一花一世界，一叶一乾坤，只有用充满爱的眼光去观察，才会观而有所得。正如日本松下幸之助所说的那样："如果我们能虚心地接受并观察呈现在眼前的所有事物，必定可以掌握时机，获得灵感。"

二、观察目的要明确

瓦斯基说："观察并不是漫不经心的扫描，而是一种受观念支配的寻找证据的活动。"目标明确，才能产生激情，并积极主动地去行动。郑板桥喜欢画竹，所以他在院子里栽种了很多竹子，以便每天观察，这使得他后来画出的竹子逼真至极。可以看出，他之所以能画出绝妙的作品，这与他专注的观察是分不开的。

三、抓住事物的特点

每个事物都有自己的独特之处，也是属于每个事物的个性所在。只有抓住事物专一的特点，才能对它有一个深刻而全面的认识。也只有这样，才能客观地把事物真正地表达出来。另外，要学会对比。观察事物既要了解此物与他物的共同之处和联系性，也要清楚此物与他物有所区别的特性。比较多个事物的共性和个性的差异性，进而更准确和全面地了解事物。如对比观察有利于掌握现象的特征，以及它与其他类似现象的区别。例如：两个分别为"220V、60W"、"220V、100W"的灯泡串联接到220V电路中哪个亮？显然，60W灯亮；当两灯并联时，则100W灯亮，这样一对比，串并联电路的不同就显示出来了。

四、要仔细认真

在观察事物时一定要专注，只有这样才能在观察中发现问题。为了保证观察结果的可靠性，观察的次数要多，否则就难以区分偶然发生和一贯现象，正如巴甫洛夫所说的"观察、观察、再观察"，他深刻地揭示了观察的严肃性和科学性。有时仅靠一次的观察结果，即使非常认真和细心，也未必能够达到对事物本质特征的全面

兴趣，奏响生活的新乐章

认识和了解。因为有些事物的发展过程是漫长而复杂的，必须经过多次观察才能了解。如太阳，在春夏秋冬四季的变化是不一样的，如果仅凭一次的观察印象就孤立地认为太阳就是这个样子的，则往往会出现错误。只有通过反复的操练，才能提高观察能力。

有位名人曾说过："观察的第一个特征，就是要有一双好眼睛。"究竟怎样的眼睛才称得上是好眼睛呢？事实上这里的好眼睛并非单纯的是指人的眼睛，而是指对事态的观察要有一种辩证的眼光。只有辩证的眼光，才能对事物有一个全面而锐利的视角。要知道，片面而孤立的观点都有违辩证法。

由外到里的观察。观察时许多学生都只停留在表面，这是不正确的。观察是一种现象，应考虑得深入一些，要学会透过事物的表象而看到事物的本质。如动物间的殴斗残杀是优胜劣汰的必然现象，或许从表面上看不容易理解，但当你明白了整个大自然中的生物链时就很清楚了。

另外，看问题要全面。不要局限在某个问题的一个方面来看，应全面地纵观全局来进行思考，这是观察事物的关键环节。看问题的起点要高。有时候，在刚开始的阶段或许是不理想的，但中学生不能用固定的眼光去观察，而应放眼未来，用发展的眼光去看待，才不至于半途而废。

如何养成观察的好习惯

实践 让自己可持续发展

从某种程度上来讲，养成爱观察的好习惯比拥有知识本身更为重要。有了善于观察的好习惯，就会随时留意身边的一切，随时随地有所发现。

注意角度的变换。同一个事物，角度不同，它所呈现出的特征就不同。正所谓"横看成岭侧成峰，远近高低各不同"，观察事物，要有前后左右、远近里外都认真仔细的精神，这样观察出的事物才

能更真实、更生动。

如一位学生描写花朵，远远看上去像绿草丛中一点红；走近来看，如同一个可爱的孩子；再近看，花朵里面像一座房子。这样的观察很生动，给人以很深的层次感，也较为贴合现实。

要有自觉意识。要有意识地养成随时随地观察周围事物的良好习惯，随时做个有心人，这样才不至于错失某些精彩的画面，影响观察的效率。

善于思考。李四光曾说过："观察是得到一切知识的首要步骤。"在观察中，必须经常思考，只有这样，才能真正领悟到所观察事物的内在本质，不会置观察于"过眼云烟"之地步。

观察后要写笔记。观察笔记可以粗略概括也可具体描写，可抒情也可议论，篇幅可长也可短。但写笔记时应注意两点：一是随时写。当观察时有所感悟应及时记录下来，这样就不会出现过了一段时间又忘记的现象。二是坚持写。笔记想要达到厚积薄发的效果，须坚持不懈地书写，不可三天打鱼，两天晒网，那样做的结局最终会是一无所成。

兴趣，奏响生活的新乐章

4.音乐，打造优雅生活

> 音乐是比一切智慧、一切哲学更高的启示。
>
> ——贝多芬

音乐，无处不在，如影随行。一首歌，一段词，是无形的线，贯穿于生活中而存在，记录着每一个感动我们的故事。我们有理由相信：音乐，不只是聆听，音乐无形的力量远超乎个人想象，所以聆听音乐、鉴赏音乐，是现代人极为普遍的生活调节剂。相信21世纪的中学生，更是与音乐结下了不解之缘。

音乐，飘荡在耳边的天籁之音

无法想象人类没有音乐会是什么样。音乐是一种特殊的语言，人们通过音乐陶冶情操，从音乐中获取力量。听音乐不仅是一种艺术享受，更重要的是音乐可以影响情绪。多少年来，人们普遍认为音乐对人的身心健康有着极大的功效，因为音乐本身就是用有组织的乐符来表达人们内心感情的一种语言。对中学生而言，常听音乐，对自己各方面的发展都有极大的促进作用。

音乐能够增强记忆力。据一项最新研究显示，学习音乐的孩子比不学音乐的孩子有更好的记忆力。在接受测试的中文大学的60位女生中，小时候曾接受过音乐训练的女生，比没有接受

实践 让自己可持续发展

176

过音乐训练的女生，能够多记忆 17% 的文字资料。负责这项研究的中文大学心理学系教授介绍说，以往脑智能学的研究发现，音乐家的左脑比一般人大，他们的左脑可能较一般人发达，而左脑也是主要负责语言记忆的。因此，接受正规的音乐训练很可能使人的左脑发展较佳，连带左脑所控制的语言记忆力都一起提升了。因此，科学家建议，平时多听一些音乐，对记忆力的提高有很大的好处。

陶冶情操：音乐是蕴涵情感最丰富的艺术，正是音乐中所表现的情感把音乐与培养情操紧密地结合起来。一个人世界观的形成，价值观的建立，人格的完善，理想的升华，都在很大程度上取决于道德修养的作用。而音乐恰恰是陶冶情操、宣判人格的有效途径之一，它有着德育教育所不可替代的独特功能。古代的哲学家认为音乐的陶冶对于提高人们的道德标准有着重要的作用，此所谓"兴于诗、立于礼、成于乐"。良好的音乐素养，对于中学生良好品德和性格的形成，起到积极的促进作用。

音乐与健康：我国古代早有记载。《黄帝内经》论述了五音（宫商角徵羽）与人之五脏（脾肺肝心肾）七情间的对应关系，深刻阐述了五音在调节情绪、治疗脏腑疾病中的功用，创建了"五音、五声医疗之法"与"琴箫养生之道"。现代医学专家研究认为，音乐的频率、节奏和有规律的声波振动，是一种物理能量，而适度的物理能量会引起人体组织细胞发生和谐共振现象，这种声波引起的共振现象，会直接影响人们的脑电波、心率、呼吸节奏等。科学家们还认为，当人处在优美悦耳的音乐环境中，可以改善精神系统、心血管系统、内分泌系统和消化系统的功能，促使人体分泌一种有利健康的活性物质。良性音乐能提高大脑皮层的兴奋性，可改善人的情绪，振奋人的精神。同时，有助于缓解心理、社会因素造成的紧张、焦虑、忧郁等不良心理状态。因此，多听一些音乐，对一些疾病的治疗和防治是有很大意义的。

兴趣，奏响生活的新乐章

　　另外，音乐可以提高人的精神素养，缓和紧张心理，还可激发人的心理潜力，使病人感到喜悦、兴奋、愉快，调动人的各系统正常功能，促进消化道活动，安定病人的情绪。悦耳的音乐，传入大脑后，对神经系统是一个良好的刺激，加速排除体内废物，有助于肝病的治疗。音乐能使人焦虑消失，更珍惜生命，给人带来勇气和力量。

听音乐的注意事项

　　生气时忌听摇滚乐。人生气时，情绪易冲动。常有失态之举，若在没有消气的情况下听疯狂富有刺激的摇滚乐，无疑会助长怒气。

　　饭后忌听打击乐。打击乐一般节奏明快，铿锵有力音量很大。饭后欣赏会导致人的心跳加快，情绪不稳定，影响消化。

　　空腹忌听进行曲。人在空腹时，饥饿感很强烈，而进行曲有强烈的节奏感。加上铜管齐奏的效果，人们听了会受到步步前进的驱使，进一步增加饥饿感。

　　睡觉前忌听交响乐。交响乐气势宏大，起伏跌宕。睡前听此类音乐会令精神亢奋，情绪波动，难以入睡。

　　忌长时间用耳机听音乐。MP3可以带给人音乐的享受，可有的人睡觉戴、走路戴，甚至吃饭都在戴，并且把音量放到很大，还开着超重低音音效。据了解，超过105分贝的声音会对听力造成永久伤害，许多MP3播放器的最大音量都达到120分贝。长期下去，听觉就会出现疲劳、损伤，引起听力减退，人体就会出现烦躁不安、头晕、失眠、记忆力减退、注意力不集中、思维反应迟钝、异常心理障碍等情况，对身体健康十分有害。为此，用耳机听音乐应注意减小音量，以柔和不刺耳为宜，而且不要长时间连续收听。

实践　让自己可持续发展

　　音乐，作为一种艺术、一种社会意识形态，反映的是人类的社会生活，人类的思想感情，通过节奏、旋律、和声、音色完美的组合，感染欣赏者。当你闭着眼睛静静地躺在床上，任一种动听的音乐缓缓传入耳内时，心灵和思绪也随同那一个个悠扬的音符游移出了自己的身体，抛开此刻的时间和空间，走进了记忆中令人回味的点点滴滴，此刻的你，不觉得很幸福吗？

兴趣，奏响生活的新乐章

5.演讲，锻炼你的随机应变能力

> 沟通是一对一的交流、分享，演讲就是一对多的交流，它更能体现一个人的能力。
>
> —— 佚名

很多中学生都会给人造成一种错觉，那就是表面上看起来能够滔滔不绝地说话，可一旦所处的环境稍有变化，就马上失了分寸，没有了之前的自信和勇气，更别说随机应变的能力了。那么，如何才能全面地提高自己的自信、勇气以及对于突发状况的应变能力呢？演讲就是一个不错的方法。演讲不仅是一种表达思想、与他人沟通的有用工具，同时也是一种思维的训练。正所谓：一言之辩，重于九鼎之宝；三寸之舌，强于百万之师。出色的口才能力也是一种特殊的才能，有时它甚至关系到一个人的命运或一项事业的成败。

敢于演讲，胆量的来源

大部分中学生都承认，在小学阶段时天真无邪，不知道什么叫害羞，常常能毫无顾忌地和任何人打交道。可是一旦到了中学，就会慢慢变得害羞起来，含蓄起来，见到老师不敢打招呼，在陌生人面前一言不发，只有在十分熟悉的朋友和同学面前说话才会无边无

实践 让自己可持续发展

际。在课堂上，更是害怕被老师提问到，处处躲避老师的视线，哪怕是自己知道答案也不喜欢表现。到底是什么原因才会导致这样呢？其实归根到底，还是底气和勇气不足在作怪。要想改变这种情况也并非毫无办法，演讲无疑就能很好地锻炼一个人的胆量，很多人的胆量就是在这样的情况下被逼出来的。

也许第一次演讲是硬着头皮上的，不过在战战兢兢地完成以后，他们就能感到前所未有的惊喜，别人的鼓励和掌声会让他的自信在无形中慢慢建立起来。经历过第二次、第三次之后，相信他们不仅得到了锻炼，也会喜欢上演讲这样一项活动。有一位胆小腼腆的同学就曾在日记上写道："从小学到现在，我从来没有也不敢站在台上讲话，老师也很少提问我，但自从我试着完成第一次演讲后，我惊喜地发现，原来我也可以做到，我也可以做好，以后我会做得更好！"其实，人类是表现欲最为强烈的动物，在潜意识中谁都希望能够当众施展自己的才华，演讲则给他们提供了一个平台，使他们的胆量得到了锻炼。

中学生还有一个普遍的问题就是不善于表达，常常为了叙述一件事情说了很多与之无关的废话，可还是说不到点子上。俗话说：劲儿要用在刀刃上。如果不能将精力放在重点问题上，那和做无用功又有什么区别呢？演讲不仅能够表现出一个人的勇气和自信，对于语言的表达能力也有相当大的提高。也许只需要几分钟，也许只是一个简单的不能再简单的小故事，但若想将它们完整地准确地表达出来，还是需要做出充分的准备的，如何组织语言，如何表达感情，如何才能引人入胜，这些问题都要经过细致的研究。很多渐渐喜欢上演讲的中学生都表示，自己的语言表达和组织能力比起以前有了很大的提高。

兴趣，奏响生活的新乐章

善于演讲，成长的助推力

由于中学生还处在上学的阶段，因此演讲对于他们语文水平的提高也大有好处。演讲就必须准备演讲稿，这些演讲稿对他们来说就是很好的作文素材，例如演讲稿中有趣的小故事和具有励志作用的名人警句，都能让他们在作文上少了几分忧虑。他们不仅尝到成功的喜悦，也会为自己在班上的表现而高兴、信心百倍。因此，中学生不妨从多个方面来准备演讲的材料，谈社会，谈理想，讲兴趣，讲故事，说笑话，评时政，这些都可作为演讲的角度，不仅启发了同学们的心智，开阔了同学们的视野，也扩大了同学们的知识面，提高了同学们的语文素养。

一项调查表明，喜欢演讲的同学大多都有非常好的人缘，且对学习保持高度的积极性。事实上确实如此，演讲能够很好地使演讲者和听众进行沟通，拉近彼此之间的距离，通过听众的表现，演讲者可以认识到自己的优缺点，并了解听众的态度。而听众通过听同学们的演讲，也知晓了他们对人生、对友谊、对社会的态度，还清楚了他们处理所遇问题的思路。对于正确的观点就加以肯定，反之则帮助他们纠正，这样，双方的心自然就越靠越近了。学生们最高兴看到的就是自己的成绩得到大家的认可，对于学生的积极性也就油然而生。

此外，演讲还有一个最大的功能，那就是锻炼人们的随机应变能力。应变能力是当代人应当具有的基本能力之一，在当今社会中，我们每个人每天都要面对比过去成倍增长的信息，如何迅速地分析这些信息，是人们把握时代脉搏、跟上时代潮流的关键。此外，我们也很难保证不会发生一些突如其来的状况，中学生尤其如此，突如其来的考试，突如其来的尴尬，突如其来的变故……这些都需要他们具有良好的应变能力，演讲就是一种可以很好地培养应

实践　让自己可持续发展

变能力的方法，同时对于保持健康的心理状况也是很有帮助的。

如何能在突发状况来临的时候说出适合于新情况下的得体的话，是非常关键的一步。需要注意的一点是，应变的语言最好能诙谐幽默一些，因为这样的语言能使局促、尴尬的场面变得轻松、缓和，避免正面冲突，也能使自己和对方的紧张情绪得到缓解，甚至可以消除对方的敌对情绪，此所谓"相逢一笑泯恩仇"。如果你处理的得当，突发状况不仅不会带来难堪，还会为你的演讲增添色彩和光环，因为你的睿智从中得到了充分的体现。同时，这种突发状况还有助于加强自身的修养。有良好修养的人，遇事往往能够保持冷静，不会紧张和鲁莽行事，状况发生后能够正确而又迅速地作出决定，养成果断的性格。

过去，演讲常常被视为一项"纯嘴皮"的活动，并没有得到应有的重视。不过近年来，演讲越来越受到大家的喜爱，说的再确切一点，演讲已经成了一门学问，也是一门艺术，更是一种事业。它不仅具有很强的审美价值，更是成为推动事业的一个重要组成部分。中学生一定要敢于表现自己，把自己置放在一个舞台上充分地表现才能，这样在成长的道路上才会更畅通无阻。

兴趣，奏响生活的新乐章

第七章　做爱问的知识人

——问号，打造生活的催化剂

碰到难题，遇上问题，打破沙锅要问到底！

《论语·为政》："知之为知之，不知为不知，是知也。"
这对于充满疑问的青少年来说，养成不耻下问的习惯，是很
重要的。

俗话说得好：生活处处皆学问。经常多问个为什么，是
吸取知识的捷径。孔子曰：三人行必有我师。在生活上、学
习上，敢于提问，爱提问，才会有新的突破。

1.敢于提问，才有新的突破

> 有教养的头脑的第一个标志就是善于提问。
>
> —— 普列汉诺夫

　　现在的中学生，虽说是新世纪的人才，虽说是另类叛逆的一代，但也许是中国人几千年的劣根性所在吧，很多人都没有提问的精神。不管是在日常的生活中，还是在平时的课堂上，总是埋头学习，并不是他们没有问题，而是很多人都不敢开口问问题。

　　有的学生自我否定意识较强，有一种自己根本提不出问题的心理；也有的学生是怕别人嘲笑，怕他们会说"这么简单的问题都不会"；还有的学生在课堂上只靠老师讲解，做作业照套例题，认为没什么好问的，形成了懒于提问题的依赖心理；更甚者，还有的学生是怕别人厌烦，怕别人对自己的问题懒得回答。其实这些担忧完全没有必要，你能够问出问题，不是证明你比别人笨，而是说明你的头脑更灵活，若是你成绩差些，问问题也是理所当然的，即使成绩一流也要问，而且要带头问，因为你不可能独自解决所有的问题。况且，大多数家长和老师都比较喜欢敢于提问的孩子。所以，你没有必要感到害羞。只有敢于提问，才会有新的突破。

问号，打造生活的催化剂

敢于提问，才有新突破

在西方哲学史上，有一个故事广为流传：维特根斯坦在英国著名的剑桥大学读书，他的导师是著名的大哲学家穆尔。有一天，大哲学家罗素问穆尔："你认为在你的那些学生中，谁是最好的一个?"穆尔毫不犹豫地回答："维特根斯坦。"罗素问："你想都不想就回答，为什么?"

穆尔又说道："因为在我的所有学生中，只有他一个人听我的课时，总是流露出迷茫的神色，问我一大堆的问题。"后来维特根斯坦的名气超过了罗素，有一次有人问维特根斯坦："罗素为什么落伍了?"他只说了一句话："因为他没有问题了。"

这个故事就十分贴切地点出了"问"的重要性，"问题"就如同所有学术的心脏，试想倘若心脏都不跳动了，那么机体还能存活吗？中学生听得最多的一句话，恐怕就是"学问学问，不懂就问"了，这句话也将"学"和"问"的关系显而易见地呈现在我们面前。另外，中国还有个词语叫做"勤学好问"，将它拆开就变成了"勤学"和"好问"，这两者之间有着密切的联系，勤学的结果，必然会产生诸多疑问，否则必然没有勤学，没有投入。这时候便可以将周围所有的人都当成问的对象，不论是老者还是孩童，他们都有可能成为你的老师。对于真正的教师来说更是如此，解惑是他们的天职，如果学生没有问题，往往会令老师感到无所适从。因此，有许多教师都说，他们最怕的就是课堂上的"鸦雀无声"，恨不得所有的学生都"开口就问"。

所有的进步都来源于敢于提问，如果一个中学生总是不敢开口提问，结果只能是旧的问题还没有解决，新的问题就又来了，问题越积越多，最终拖累自己的成绩。所以，不要理睬别人对你的嘲笑，当你的成绩逐渐好起来时，嘲笑也会变为赞扬。

著名的科学家爱因斯坦说过："提出一个问题往往比解决一个问题更重要。因为解决一个问题也许是数学经验或实践上的一个技巧而已，而提出新的问题、新的可能性，从新的角度看旧的问题，却需要创造性的想象力，而且标志着科学的真正进步。"是的，几乎一切创新都始于问题的发现，而发现问题又源于强烈的问题意识，只有这样才能让自己得到长足的进步，也会让国家多一名有用的人才。

敢于提问，进步的开始

敢于提出问题，对于中学生智力的开发，创新意识的培养和实践能力的锻炼都显得非常重要，这就要求学生有较强的自学能力，而敢于提问无疑是一个最简单又最实惠的方法，当问题得到解决的时候，不仅加深了中学生的印象，更发展了他们的思维，素质也能得到全面的提高。

近年来，鼓励学生敢于提问的措施也越来越多，例如昆明天铎传媒有限公司董事长和"创造奖"发起人张赋宇，就曾经为一个学校里的敢于提问的学生颁奖，这种新颖的方式引起了学生们强烈的上进心和好奇心，也为他们敢于提问题提供了动力和目标。

看来，"问"是人类汲取所有知识的前提条件，中学生一定要克服自己的心理障碍，敢于提出心中的疑惑，不管这些问题是循规蹈矩的，还是稀奇古怪的。我国著名的教育家陶行知曾说过："发明千千万，起点是一问。禽兽不如人，过在不会问。智者问得巧，愚者问得笨。人力胜天工，只在每事问。"心理学研究也证明：思维永远是由问题开始的，而创造潜能往往就在排疑解难的过程中被激发出来。

历史上有许多伟人都是敢于提问的人，爱迪生不就是因为敢于提问，最终才成为伟大的发明家吗？他的发明为人类做出了突出的

问号，打造生活的催化剂

贡献；爱因斯坦不就是因为敢于提问，结果成为世界知名的科学家吗？他的相对论让人类在物理学上有了突破性的进展；我国古代的张衡不也是靠着提问才一步一步地成为留名青史的天文学家？他对天文学的研究为我国天文事业的发展打下了坚固的基础。可见，提问对于培养学生创新精神和实践能力有重要的意义。

有了这些前人的经验，现在的中学生是不是更应该将"提问"的精神发扬光大呢？只有敢于提问，才会让自己对学习产生浓厚的兴趣，体会到学习中无穷的奥妙，大大地培养自己的创新精神和创造能力，建立自己的自信心。

实践
让自己可持续发展

2.记住：三人行必有我师

> 学问是异常珍贵的东西，从任何源泉吸收都不可耻。
>
> —— 阿卜·日·法拉兹

有一次，孔子和他的学生们正在赶路，忽然前面有个小孩挡住了他们的去路。原来，这个小孩用一些砖瓦石块在路上垒起了一座城池，有模有样的。孔子让这个小孩给他让路，小孩却说："我只听说过车绕城而过的，却从来没有见过把城池拆了给车让路的。"要是换作旁人恐怕早就火冒三丈了，不过孔子没有，他想：我把这个城池当作玩具，可孩子却不这样想啊！想我历来倡导礼仪，今日居然被一个孩子给问住了。于是便对他的学生说："三人行，必有我师焉！这孩子虽小，不过却足以做我的老师了。"从此，"三人行，必有我师焉"这句话便流传开来了。

"三人行，必有我师焉"，"择其善者而从之，择其不善者而改之"，这两句话都是孔子留传千古的名句，它的意思是说，在一起行走的几个人当中，一定有人能够做我的老师，应该学习别人的优点来弥补自己，对于他们的缺点则要参照自己的情况加以改正，不要重犯。它指应该虚心地向一切有长处的人学习，表达了一种极为谦虚的学习态度。可是，现在的中学生对这句话恐怕是听得多，做到得少，这个世界上自负的人比自信的人多得太多了！很多中学生常犯的一个通病，就是往往看自己的优点和他

问号，打造生活的催化剂

人的缺点多，对于自己的缺点和他人的优点则视而不见。久而久之，这句家喻户晓、烂熟于心的名句就变成了一句空话。

自古以来，善于"取人之长，补己之短"的人就被视为智者，而"三人行，必有我师"这句话恰恰就是取长补短的精髓所在，它不仅体现了孔子自觉修养、虚心好学的精神，也体现了中华民族的传统美德，是民族文化的一个重要元素。同时，懂得这个道理的人总是能够注意学习他人的长处，自然就会多看他人的优点，与人为善，待人宽而责己严，这不仅是提高自己修养的最好途径，也是促进人际关系和谐的重要条件。因此不得不说，孔子是最善于学习的人，可谓无处不师、无人不师。《论语》中有一段记载：子贡是孔子的一名学生，有一次卫国的公孙曾问他，孔子的学问是从哪里学的？子贡回答说，古代圣人讲的道，其实就留在人们中间，只不过贤人认识了它的大处，而不贤的人认识它的小处。看来，孔子的学问能够在中国几千年来流传如此广泛，也绝非出于偶然。

几千年前的孔子就有如此深刻的认识，并且身体力行，那么现在的中学生是不是也应该继续将"三人行，必有我师"的精神继续到底呢？然而，在现实生活中，却有很多中学生不屑于向别人讨教，并且还为自己的不屑一顾，戴上了一层面具——自信。他们不断地用自信来标榜自己，认为自己已无需从他人那里获取知识。其实，他们所谓的自信绝非真正的自信，而是一种让人厌恶的自负。

自负的中学生常常给予自己高度的肯定及自我评价，对自己的水平充满信心，这恰恰也是他们开始走下坡路的标志和开始。生活中处处都有值得去学习的人，也许他的见识没有你广，也许他的学历不如你高，但他却一定有着高于你的长处，关键就看你能否将他的长处挖掘出来，能否对自己有一个全面客观的认识，只有明确了自己的优缺点，才能准确地以人为鉴，完善自我。

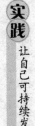

实践 让自己可持续发展

处处有学问，人人可为

在每个人的一生中，都会遇到许许多多对自己有过影响的人，也许曾经让你感动过，也许曾经让你痛苦过，但不管怎样，都能让你体验到悲欢离合，领悟到人间真情。对于中学生来说也是如此，由于他们的心理和生理都还不成熟，处于成长道路中的里程碑阶段，因此他们的做法和行为更需要得到他人的指点和帮助。此时，"三人行，必有我师"便能显示出它独特的魅力所在了，也许一个十分不起眼的人就能帮助他们渡过一些生命中的难关，让他们懂得更多的人生哲理。若只是一味地盯着自己的优点，无视他人的长处，最终必定会让自己成为井底之蛙，守着那一片巴掌大的地方，却看不到外面广阔的天地。

其实，真正的学问不仅仅只存在于固定的老师身上，生活中处处都是知识。有许多中学生由于受到教育所产生的弊端的影响，潜意识中总认为只有老师才是完美无缺的人，这个思想严重地抑制了他们向别人求教的心理。其实老师也不是圣人，他们不可能掌握所有的学问。因此，学生们千万不要过度地迷信老师，他们身上的优点和正确的思维方式固然值得学习，但他们的缺点却不可盲目崇拜。正如《里仁》篇里所说的"见贤思齐焉，见不贤而内自省也。"别人的优点可以成为自己的借鉴，别人的缺点也能成为自己的告诫。同时，对于自己周围的其他人也应该抱着一种学习的态度，认真领会"三人行，必有我师"的深刻内涵并且努力去做，就会发现原来还是很有意义的。

时刻以"三人行，必有我师"的思想来指导自己行事的中学生，他们心里非常清楚，世界的未知远远多于已知，自己对很多事情孤陋寡闻，不懂、不会的事不计其数。所以，他们不会看不起任何一个"庸人"、"笨人"。他们相信，每一个人都有超过自

问号，打造生活的催化剂

己的地方。人人皆可为师，包括自己的敌人，虚心是他们的特质。所以，他们不会因为自己取得一点点的成绩而骄傲自满，他们知道到处都有老师，到处都有可学的知识。因此他们能够在旁人的指引和点拨下，每天都有收获，每天都有长进，每天都更加成熟。

3.要有不耻下问的态度

> 敏而好学，不耻下问。
>
> —— 孔子

自古以来，不耻下问是中华民族的传统美德。孔子说过："敏而好学，不耻下问"，"三人行，必有我师焉。"不把向学问、地位等不如自己的人请教当成可耻的事，并谦虚、好学。一旦"不耻下问"形成习惯，就成为一种品质，在不断的询问中，不断的解惑中就会从不会到会，从不知到知晓，从知之不多到知之甚多。日积月累，自己就会逐渐变成一个很有学问的人。

学习，不耻下问

青少年正处于长知识的阶段，应该有正确的学习态度，才能真正地学到知识，尤其要学会不耻下问。"敏而好学，不耻下问"这八个字，从表面上来看，敏而好学似乎还比较容易做到一些，而不耻下问就非常之难了。因为，敏而好学不外乎是聪明而勤奋罢了，这方面的典型，有很多，如："凿壁偷光"、"囊萤映雪"，甚至"头悬梁，锥刺股"等等。但是说到不耻下问则是要向不如我们自己的人请教，这不仅仅是个好不好学的问题，所以，尽管"不耻下问"是我们经常挂在嘴边的话，但若要自己真正实行起来，并不是

问号，打造生活的催化剂

那么简单的。

对于青少年来说，有什么不懂的就要认认真真地去学，不要自以为是。一个人不可能一出生就什么都会做，什么都懂，生活的智慧都是靠后天的努力才取得的。不懂就要学而且还要做到不耻下问，这就是所谓的财富！

众所周知，春秋时代，孔子被人们尊为"圣人"，他有弟子三千，大家都向他请教学问。他的《论语》是千百年来的传世之作，到现如今还是能够被人们津津乐道。

其实孔子的学问十分渊博，但他仍虚心向别人求教。有一天，他到太庙去祭祖。他一进太庙，就觉得新奇，向别人问这问那。有人觉得十分可笑，就问他："你学问出众，为什么还要问？"孔子听了说："每事必问，有什么不好？"他的弟子问他："孔圉死后，为什么叫他孔文子？"孔子道："聪明好学，不耻下问，才配叫'文'。"弟子们想："老师常向别人求教，也并不以为耻辱呀！"

无数事实证明，能"不耻下问"的人才是真正伟大的。我国唐朝著名诗人白居易，每写好了诗，都要拿到邻居老婆婆那里念给她听，问她哪些地方听不懂，需要修改；我国著名的医药学家李时珍，为了写《本草纲目》，在去各地考察植物的过程中，虚心向平民百姓请教；我国西汉杰出的史学家司马迁，为了写《史记》，在去各地游历的过程中，虚心向老百姓请教，采访史实。

其实虚心好学，肯向一切人，包括向比自己地位低的人学习，是一种学习的态度，也是一种心态。对于每个人而言，能够了解清楚的东西以及事物都是非常少的。所以，去学习别人的东西是非常重要的。不懂就要学，不要总觉得自己什么都会。然后就什么也不问，或许有些青少年，心高气傲，不愿低下头向别人学习，总认为自己是这个世界上最好的，根本听不进别人的话。这是不对的，到头来还是会害了自己，因为结果是自己什么也没有学到。

不耻下问的态度

孔子曾说过的话："知之为知之，不知为不知，是知也。"孔子认为，学习的态度必须是老老实实，承认自己有不懂的地方。然而，在我们身边，不懂装懂，自以为是的人大有人在，尤其是一些青少年，认为自己什么都懂得，所以学习的态度就不端正，不能做到不耻下问。

不耻下问是一种学习的态度，所以当你遇到不懂的问题的时候一定要去认真地学习，要有不耻下问的精神，要做到处处留心，因为世界上每一个角落都是知识的安身之所。一个有着谦虚好学态度的人总能学到更多的知识。

但是在学习的过程中，因羞于脸面而不敢不耻下问的学生却实在太多，而这种心理和思想又大大抑制了我们的发展，抵消了同学们的才能和努力，使我们的骄傲自满心理潜滋暗长，因而就忘记了自己的无知、丢掉了自己的求知欲。

古往今来，不耻下问的人往往能赢得人们的敬重和爱戴。那些真正的学问家、那些伟人，因为懂得学无止境，所以总能看到自己无知的一面，从而不断地学习，不断地向他人请教，不断地完善自我。作为国家领导人的毛泽东还向艾思奇请教哲学问题："其中有一个问题有疑点，请考虑后当面告诉我。"他这种虚怀若谷、不耻下问的态度不仅让艾思奇感动，也让我们认识到：学高为师，能者为师。

其实不耻下问的这种正确的学习态度能够迅速获得解答问题的方法与答案，减少无谓的探索；启迪自己的智慧，激励青少年去探索更多的未知世界；在请教问题的同时，还能拉近人与人之间的距离，做到和谐相处，并获得解答问题的乐趣。其实不耻下问的这种学习态度在问的过程中还得注意方法，做任何事，方法

问号，打造生活的催化剂

永远是最重要的。就比如现问，也就是说发现问题不能拖延时间，要立即向懂得该问题的能人请教；还得学会巧问，请教问题要找准对象、找准时机、找对方法，用最小的时间成本、金钱成本获得解答问题的方法。

除此之外，还得敢问。也就是敢于向身份比自己低甚至学识比自己少的人请教，敢于向权威人士、长辈、专家请教，不要以为自己身份卑微而胆怯止步。

从古到今，人们对世界上的事物都是由"不知"到"知"。过去如此，将来也应该是如此，只有这样，人类历史辉煌的篇章才能够继续发展，使我们的生活过得更好。所以，我们这一代青少年，都更应该总结前人的教训，做到不耻下问，有疑问就要去请教别人。

实践 让自己可持续发展

4.爱问，生活处处皆学问

问常常是打开知识殿堂的金钥匙，是通向成功之门的铺路石，是揭开"未知"世界的宝典武器。

现在，越来越多的中学生对周围的世界充满了好奇和疑问，在他们的脑子里无疑也多了几个"为什么"。这对他们来说，是有益处的。要知道，生活中处处皆学问。一个问题，就可以学到书本上学不到的知识；一件小事，就可以知道为人处世的原则；一次郊游，就可以知道人际关系的重要性……只要大家留心，时时有学问，事事皆学问，处处长学问。

作为新世纪的中学生，生活在创新时代的世界里，养成爱问好问的习惯，是很有必要的。因为，所有的知识来源于你的未知问题里，得到答案的那一刻，也就是你得到智慧的时刻。"打破沙锅问到底"的精神不可丢弃，要知道，学海无涯，学无止境。

生活到处是学问

有些人总认为，把书本上的知识学到手了，就可以"逍遥"走世界了。其实不然，所有书本上的知识只不过是知识海洋里的"一粟"，学到了它，只是学到了一部分，千万不可骄傲，在知识海洋里停止不前。如果这样，迟早会被社会、被时代淘汰。

问号，打造生活的催化剂

现今的社会是个知识的社会，很多人为了显示自己是个"知识分子"，不惜代价去上什么学习班，这并没有什么错误，关键是不要忽视了身边、生活中的知识。

殊不知，生活处处皆学问。在接受新知识的时候，要敢于、善于去问，多问几个"问什么"，不要害羞，不要害怕，宁愿做五分钟的愚人，也不要做一辈子的愚人。

有关人士对在校的中学生做了项调查，有关"生活常识知多少"的问题，34%的人知道一点，26%的人稍微知道点，40%的人竟然一无所知。这不得不引起人们的关注。在校园里，接受到的都是书本上的理论性知识，而没有实践到生活中。而他们又不知道生活中还有很多未知的"东西"，在等待他们去开发去研究。

科学家牛顿看到苹果落地，发现了万有引力；瓦特看到顶起的壶盖，发明了蒸汽机……科学家们除了平常细心的观察，就是有爱问的习惯，看到奇怪好奇的事情，总要问个为什么，进而把它们实践到生活中。正是这一个个"?"，使他们创造出了一个又一个的科学奇迹。

有几个中学生知道"吃哪些蔬菜易中毒?"、"早餐重要吗?""饮牛奶注意什么?""哪些食物不宜混放?"……他们不知道，他们只知道"ABC……"26个字母、"XY"方程式。只知道这些是不够的，因为生活分分秒秒与人们在一起。

生活中，容易引起中毒的蔬菜有：被农药污染的蔬菜、没有煮熟、外表呈青色的菜豆和四季豆、发芽的马铃薯和青色番茄、用化肥催生的豆芽、鲜黄花菜……不吃早餐是不好的，影响肠胃，还容易衰老。喝牛奶的时候，要记住不可空腹喝，最好喝牛奶前先吃点东西或边吃食物边饮用，以降低乳糖的浓度，利于营养成分的吸收；避免与茶水同饮；不宜采用铜器加热；冲调奶粉的水温控制在40~50℃为宜，过高会破坏牛奶中的奶蛋白等营养物质；忌与菠菜

实践

让自己可持续发展

同食……

上面这些，知道多少呢？整天坐在教室里的中学生，应该多与生活接触，善于发现问题，学习新的知识。做国家的栋梁之才，就要把生活与学习合理地结合起来，那样得到的知识才是"完美"的。

生活即学问

生活就是个谜语，有着许多人们不知道的"为什么"。作为聪明的人类，要敢于揭开这层面纱，就要从问号问起。知道天为什么会打雷下雨吗？知道人为什么要吃饭吗？知道高楼大厦是谁发明的吗？知道汽车什么时候引进过来的吗？……谁关心过这些问题。没有人，在有些人的眼里，这些问题是愚蠢好笑的。他们只去享受，享受这些给生活带来的乐趣。

作为新世纪的青少年，生活在这个创新的时代里，对周围的事物充满疑问，就要敢于去问。也许，这个小小问题可以帮助你学到一门新的知识，给予你新的启示，创造出你生活的奇迹。

有这样一个事件：一位编辑把一篇新闻稿件中的人物名字搞错了，于是很诚心地打了电话道歉，可别人只是一个劲地问"可不可以改过来"，只能遗憾地告诉她"不能"，心中很是愧疚。很多人一直以为"知错能改，善莫大焉"，可现实是：不是任何错误改正了，都可以恢复原状的。我们所能做的只有尽量避免犯错，尽量减小犯错后的影响。

有个笑话这样说，面对钻石和大米，公鸡一定会选择大米，而母鸡则一定会要钻石。母鸡和公鸡的目标是明确的，为钻石，为大米，看准目标，心无旁骛。可我们在奋斗的过程中却总是被许多事情打扰，随着渐渐长大，我们离最初的理想越来越远。其实成功真的不难，难的是始终如一的坚持。

问号，打造生活的催化剂

　　这两个事例不都是在告诉人们，生活中到处都是知识，把这些点点滴滴的知识积累起来就是知识宝库。日常生活中，常常看到小孩在蹒跚学步中摔倒，有的父母马上将他们扶起来，牵着走，有的父母则是鼓励着，让他们自己站起来。我们的人生之路，最终要靠我们自己走，没有人可以永远牵你一辈子。父母可以扶着我们走一段路，但不可能是一世。

　　生活处处皆学问。有心，便能发现，发现，便能领悟人生的真谛，便能受益匪浅。

5.爱问，有助于成长

> 不曰如之何者，吾未如之何也！
>
> —— 孔子

孔子说的这句话的意思就是："不说'怎么办，怎么办'的人，我也不知拿他怎么办了啊！"要思考，就要不断地问问题，问过之后才会思考新的问题。如果不能问问题，此人就不会思考。不会思考，就不会进步，不会进步就不会成长。问问题的品质决定思考的品质，思考的品质决定成长的速度。

在学习的过程中，青少年应该有这样的经验，你在回头看自己走过的路时，往往会发现，从开始走到现在，能有今天的成果，往往都是被问题逼出来的。你身上的能力，往往是在问问题，然后在解决问题的过程中练出来的。一路走来，你遇到各种各样的问题，这些问题逼迫你不得不去解决，不得不动脑筋，不得不去改进、提高，最终，也促成了你今天的成熟。所以，爱问，有助于你的成长。

爱问，帮你找答案

作为青少年，更应该凡事多动脑筋，多问几个为什么，遇事多想一想该怎么办才好，而不应该稀里糊涂，做一天和尚撞一天钟。

曾有科学家说，提出问题是解决问题的一半。问题都提不出来，解决什么呢？

所以孔夫子就感叹说："不说'怎么办，怎么办'的人，我真不知拿他怎么办了啊！"他的这句话的意思就是要求人们要主动地提出问题，然后动脑筋想办法解决。用他在《为政》篇里的说法，就是"学而不思则罔"。不仅仅是青少年在学习上是这样，其实不管在哪一个行业，都是一样的，学习这样，科研这样，就连平时在生活中处理日常事务也是这样。

总的来说，凡事不多问几个为什么的人，就连圣人也拿他没救，人们又有什么办法呢？

有一个公司，在生产与销售方面出现了滑坡，于是，公司的老总专门请了一个高级管理人来帮他看看到底是怎么回事。

这个人到他的公司转了一圈之后，便提出了"杜绝浪费"的治厂纲领：所有管理干部都要走出办公室，现场办公，一旦发现浪费现象，就要不断地追问"为什么"。依靠这些最基础的管理，这家公司从此起飞……

其实，他也没有提出什么特别别出心裁的意见，而是要求所有的管理人员多问几个为什么而已。来看一下发生的实例：

择其一来说：下班关灯走人这一简单的常识，往往有很多人经常会忘记，导致电力的白白浪费。如果多问几个为什么，即：

"为什么不关灯？"

"忘了！"

"为什么忘了？"

"没有责任心！"

"为什么没有责任心？"

……

这样一家公司的崛起，竟然是从多问几个为什么开始的。那么，青少年在学习的过程中，如果多问几个为什么，很多问题就会

实践

让自己可持续发展

迎刃而解了。比如：在做一些几何证明题的时候，你就可以从问题的最后面向前面问为什么，根据已知条件去推理去解未知的，最后这个题就解出来了。

在学习的过程中，你会遇到各种各样的障碍，有客观的，也有个人原因造成的。既然有障碍存在，你就要多问几个为什么，这样才能找到问题瓶颈的所在，才能找到解决的方法。在这样多问的过程中，自身的能力在不知不觉间就提高了，个人也就成长了。最重要的是，通过多问问题，可以帮你找到问题的答案。

爱问，有助于成长

小的时候，你是不是经常问妈妈天空为什么是蓝色的，水为什么是绿色的，花儿为什么是红色的……你的小小脑袋中装满了十万个"为什么"。在生活中，有人好问，有人不问；有人主张有疑就问，有人主张三思再问。问天问地，问古问今，可见，"问"在我们生活中无处不在。

随着社会的日益发展，青少年需要更多的知识来充实自己。在电视里，知识性问答的节目越来越受人们的欢迎，而网络里关于爱问的网站也是越来越红火。因为人们明白了这样一个道理：爱问才会赢，爱问才会成长。一个人的知识是有限的，总会有很多未知的东西，而且积累的知识就像一个圆圈，知道得越多，圆圈的面积就越大，随之而来的是不知道的东西也就越多，需要问的东西也就越多。

纵观中华上下五千年，滔滔历史长河中，你可以看到许多智者向你走来。他们一路走来的故事让人们感叹、让人们折服，深思之后，你是否也悟出了一个真理：爱问才会赢，爱问才会成长。

荀子说："知而好问然后能才。"《本草纲目》的作者李时珍，这位中华民族史上难得的医学奇才，就是一个善于提问的高

问号，打造生活的催化剂

手。他到全国各地去采集药材期间，不停地向当地的百姓打听，询问和当地药物有关的问题，最终成为一代名医。伟大的文学家、政治家王安石，也是一个爱问问题的人。他读经书，不能通晓经书的意义，于是他就翻阅诸子百家的书，以及《难经》、《素问》和许多小说，并且虚心向农夫和女工请教，他这种不耻下问的态度值得青少年朋友去学习。

著名画家郑板桥也曾经说过，学问二字，须要拆开看，学是学，问是问。读书好问，一问不得，不妨再三问，问一个人不得，不妨问数十人，要使疑惑释然，精理迸露。然而，现在很多人都缺乏一种打破沙锅问到底的精神。

在学习的过程中，每天都会学很多新知识，当然会有一些自己不太明白的地方。但是有些同学却不提出问题把这些知识弄懂，他们觉得问问题是一种愚蠢的事，问问题会让人觉得自己的智商低下。这是一种完全错误的想法。当你不懂的时候又不问，那你就永远不知道正确的答案是什么，也谈不上什么进步，什么成长了。如果没有问题的出现，社会就不会有发展；如果没有问题的解决，人类在地球上就不会有进步。

科学家不断提出问题、解决问题，才有了一次次的科研成果的发布；医学家不断提出问题、解决问题，才使人们拥有健康。爱问不是伟人头顶的光环，而是环绕在你我身边的阳光。只有爱问，才能拥有生活的智慧，才会取得成功！只有爱问，才能拥有生活中的果实，才会一直成长！

实践 让自己可持续发展

6.问要问到点子上

> 拜访老师需要有备而去，带着问题向老师求教。老师好比一口钟，你撞重一点，就响一点，不敲则不响，敲到点子上了，其声既响而又持久。你提的问题若能问到点子上，老师则会话匣大开，让你受益无穷。

每个人都会有自己不懂的地方，尤其是处于上学阶段的青少年。不懂就要问，不要把不懂的问题藏在心里，一定要把问题弄清楚搞明白，这样自己才能进步。不懂装懂，或者碍于面子而不好意思提问，那你将永远不懂。不知道你有没有听过这样一句话，这世上唯一真正愚蠢的问题，就是从来没有勇气问的那个问题。

人要善问

问问题的最高境界就是问到点子上。一个人既要敢问，又要善问，而且问问题的时候不能挑挑拣拣的。某某人，我看不惯，我才不问他呢，这种思想真是太幼稚了。任何人都有优点，都有自己的特长，你要虚心好学，要乐于向学问或地位比自己低的人学习，不要觉得不好意思。有很多道理，家长教师都说过很多遍，而且他们一说，你就说，我知道我知道。没错，你是知道，但也只是知道而已，你不明白，因为你没有做到，你就永远不可能体会得到。

问号，打造生活的催化剂

中国的教育体制和国外的教育体制的最大差别就是人家从头至尾都是培养学生自己去发现问题，然后是自己去找到解决问题的方法，而中国的教育则基本上是教师把自己掌握的解决问题的方法教给学生。所以国内外学生的创新能力、科研独立能力之间有偏差也就难怪了。所以，能否善于问问题，并把它形成一种习惯，很可能就会决定你一生的成败。

问问题问到点子上是非常重要的。有这样一个故事，说的是有一个年轻人想要和村里的人混熟，于是来到村子中央的广场上。在那里，他看到了一个老计时员，这个老计时员还带着一只看起来很凶的德国牧羊犬。

他本来想和老计时员搭话的，但他有点害怕那只狗，于是他就对老计时员说："你的狗会咬人吗？"那位老先生说："当然不！"于是，他就不害怕了，还弯下身想去抚摸那只狗，谁知还没等他靠近，那只狗却冲向他狂叫起来，差点没把他的手指头咬掉。在他整理好自己被撕碎的外衣时，转向老人说："你不是说你的狗不会咬人吗？"老先生就告诉他："这不是我的狗呀。"

小孩子说话虽然很少，但小孩子都会问到点子上。小孩子刚会说话时，会问一些莫名其妙的话，比如"妈妈，我从哪儿来啊？"这是多经典的一句话呀，整个西方文明 20 世纪都在问这句话："我是谁，我从哪儿来，我到哪儿去"。小孩子还会问爷爷的爷爷是谁啊，而且他会不断地追寻下去，非得追到根不可。这就叫"弱而能言"，虽然人小，但问的都是生命的真相，问到了点子上。

细节，问好问题的关键

能把问题问到点子上，从纷繁复杂的信息中问出细节的问题，也是一种能力。能问问题的人也是能发现问题的人。在商界流行这样一种说法，一流的人才发现问题，二流的人才解决问题，三流的

实践 让自己可持续发展

人才制造问题。没错，能发现问题的人也一定是聪明而又很有头脑的人。

我国古代有一个断杀人案的故事，证人证实凶手在夜晚作案，包括作案工具、作案过程都描述得一清二楚，他还说他躲在柴禾垛后面能清清楚楚看出凶手的脸等等；但清官就根据那晚的弦月在后半夜，按照证人的描述，凶手的脸应该是逆光的，所以他不可能看清楚杀人者的脸，由此而推断证人撒谎，然后他又继续追查细节，最后连诈带唬，把证人和真正的凶手及栽赃陷害的事情全部套出。世间的事物都是普遍联系着的，人不是机器，设计再周密也会有漏洞。这个故事也告诉我们细节能决定很多东西，而在问问题的时候也是。你问问题的角度，问的是什么问题，从某个方面也反应了问问题的人本身的一些东西。

问题能问到点子上，就是说你问的问题针对性很强。这也是有技巧的，而这个技巧也就是要关注细节。"这世上的事就怕认真二字"，问问题的时候只要认真追究细节，就绝对能发现问题的本质。与测谎仪配套的有一套测试题目，而其中的题目全都是日常生活中的细节问题。

要想把自己培养成为一个善于问问题的人，首先，你要具有问题意识。问题意识就是指一个人在学习活动中遇到问题时所产生的一种主动质疑、积极探究的心理状态。这种状态可以促使一个人积极思维，不断提出问题、分析问题和解决问题。

要知道，问问题也是一种主动的学习方式，你要带着问题学习，先提出问题，然后查找解决问题的办法，得到答案。不知道你发现没有，其实一门课，最后总结下来也就几十个知识点，而只要能把这几十个知识点提炼出来，一个个搞懂，也就基本上把这本书学透了。

当你具有了问题意识时，会表现为敢问、会问、好问、善问。"敢问"是指你敢于把自己的疑问表达出来；"会问"是指

问号，打造生活的催化剂

你不盲目地提问，把问题问在点子上；"好问"就是喜欢提问，喜欢把自己的疑问向别人表达；而"善问"则是指你能够自觉地把发现问题、提出问题、解决问题充盈于整个课堂，并运用已有的知识，寻求到解决问题的办法，从而获得新知。培养自己的问题意识，不仅有利于激发你学习的动机，还有利于培养你的探究能力和创新能力。

所以，只要你有不明白的地方，就要去问。千万不要糊里糊涂地学习，不懂装懂，这样只会害了自己。

实践
让自己可持续发展

第八章　做人际的指引者

——人脉，走向成功的助推器

实践人际，赢得人心，拥有好人缘！

一个人的成功，15%取决于他的专业知识，85%则取决于他的社交能力。毫不夸张地说，恰到好处、恰如其分的人际交往，可以使自己在群体中得到他人的喜欢、尊重，让他人愿意接近你、帮助你，助你成功。

随着年龄的增长，中学生与父母相处的时间逐渐减少，与朋友相处的时间愈来愈多，掌握与人交往的技艺特别重要。中学生要乐于与人交往，学会与人交往，并要树立正确的友谊观。

1.人际交往的基本原则——信任

> 信任是友谊的重要空气，这种空气减少多少，友谊也会相应消失多少。
>
> —— 约瑟夫·鲁

如果说小时候的友谊纯洁如淡雅的花香，时时飘来清新的气息，那么，中学时的友谊就是一杯浓茶，值得用一生一世去品味。

有人说，没有朋友的人，是很可怜的，他的面前是一片荒野。常言道，一个篱笆要打三个桩，一个好汉要有三个帮。人总是生活在一定社会关系中，无论是物质生活还是精神生活，都不能孤立地进行，必须互相依存，互相交往，于是在客观上就会产生这种互相交往的需要。生活中没有友谊是不可想象的。

每一个人进入高中的目的都不仅仅是读书、学习、考试、拿到毕业文凭，而且渴望在学校中广交朋友，寻找真正的、纯洁的、高尚的友谊。真正纯洁的友谊是建立在互相信任的基础上的。

不少中学生在交友过程中，感到友谊难以寻求，难以捉摸，并为此而困惑苦恼。要怎样获得信任与真诚的友谊这当然不是靠金钱地位，不是靠虚假的热情，靠的是真诚的奉献，靠的是对朋友最基本的信任。

人脉，走向成功的助推器

信任是沟通的桥梁

人的一生中，结交朋友、获得友谊是令人愉快和幸福的，世界上没有比友谊更美好、更神圣的了。但赢得友谊的第一步就是双方要有最起码的信任。

信任一个人有时需要许多年的时间。因此，有些人甚至终其一生也没有真正信任过任何一个人，倘若你只信任那些能够讨你欢心的人，那是毫无意义的；倘若你信任你所见到的每一个人，那你就是一个傻瓜；倘若你毫不犹疑、匆匆忙忙地去信任一个人，吃亏的终究还是你自己。

信任是人与人之间沟通的先决条件，如果你取得别人的信任，那么你便会活得充实精彩。同样，你只有信任别人，和别人交往才会有意义。取得别人的信任，关键是坦诚地去面对身边的人和事。当你与别人以诚相待时，别人也会以同样的方式对待你。你不应该避讳别人的询问或交谈的话题。

取得别人的信任，还得靠自己的能力。如果你具备值得别人肯定的素质，无疑会得到别人的喜欢。就像 NBA 球员一样，如果能发挥稳定并且有好的表现的话，你会得到队友、教练等人的信任。所以说，能力是占第一位的，无论做什么事情，你都得具有很强的能力，才会赢得尊重，取得别人的肯定与信任。

信任是一扇由内而外的大门，它无法由别人从外面打开。有很多时候自己无法要求别人信任自己，因为自己是一切的根源，一切都是因为自己，所以要赢得别人的信任就要首先去信任别人。

真诚最能得到别人的信任，在现今这个社会，人们都很有心计，但太有心计而处处心存不诡的人永远也得不到别人的信任。只要你用真诚的心去对待对方，大多数人都不会太疏远你的。

如何去做一个值得别人信任的人呢？要牢记下面的真诀：第一，

实践

让自己可持续发展

真实。对待朋友要真实，不要带有任何的虚假、虚伪、欺骗乃至包装的行为，哪怕是一点点都可能成为别人对自己的不信任的根源。

第二，坦诚。不要有，也不要让对方感觉到你有值得怀疑的目的与言行。即使你已让对方产生误解，只要你开诚布公、心胸坦荡地与对方沟通，依然能重新获取信任。

第三，忠诚。忠诚为信任之本，对朋友的任何背叛都会让对方毫不犹豫地把你从朋友的行列中划掉。

第四，廉正。你的清廉、正直、有原则的品格会很容易使人感到你是一个值得信赖的人。

第五，责任。言必行、行必果，讲究信誉，履行承诺，愿意、敢于、能够承担责任的人，一定会赢得别人的信任。

第六，诚心。诚心、诚意、诚恳，精诚所至金石为开。

先去信任别人才能得到别人的信任

有这样一个寓言故事：老母鸡费尽周折终于逮到一只大蚂蚱回来喂小鸡，老公鸡在一旁看到了便用疑惑的眼神对老母鸡说："你怎么能独自捉到这只蚂蚱？"因为上次比这只小的蚂蚱还是老公鸡帮它一起逮的。听了老公鸡的话，老母鸡觉得有些委屈，眼泪含在眼里。一旁正准备打盹的老猫见此情景，忙数落起老公鸡："你啊，成天疑神疑鬼的，没看见你老婆身上的鸡毛都乱蓬蓬的了，我能证明这只蚂蚱是她自己抓的。真是神经病一个。"公鸡本身并没有恶意，但是当时它想，凭母鸡一个怎么能逮到这么大的蚂蚱？会不会是其他老公鸡帮了他的忙？面对此种情况，老母鸡实在是忍无可忍，最后要提出与公鸡离婚。

读完这个故事也许忍不住会笑，但是它里面却隐含着非常丰富的内容。维系夫妻感情的砝码就是双方无条件地相互信任。夫妻之间如此，更何况是朋友之间呢？

人脉，走向成功的助推器

　　人与人之间相处是很微妙的，不是说怎样去相信别人，主要是看对方是否值得你去相信。

　　如果他是你的朋友，朋友之间首先就是信任，如果你不信任他，或不想信任他，那还叫什么朋友？你真把她当作你的朋友，那就要彼此建立在相互信任的基础上，互敬互谅，真诚相待，才能达到心心相印，亲密无间。

　　在真诚的友谊面前，彼此信任，无需伪装自己，不必守卫自己的秘密，直率地互相批评，校正自己的行为、习惯和观念，而完全不必因为不为别人接受而感到痛苦。通过友谊，学生们会体会出人间许多美好的真情，同时也更好地了解自己。

2.架起友谊的桥梁——沟通

> 善于交际的人，总是尽量把长处呈现在人们的面前，如伶俐的口才，渊博的知识，温文尔雅的举止，直至巧妙的化妆，都能成为追求成功的利器。
>
> —— 林语堂

千里难寻是朋友，朋友多了路好走。在每个人成长的不同时期，都会结识许许多多的朋友。因此，朋友之间的沟通成了一门大学问，沟通好了，当你遇到困难的时候，他会毫不吝啬地伸出援助之手，好朋友使你得到感情的慰藉，成为你精神的支柱。

沟通的实质，就是彼此交换信息。即指一个人与另一个人之间用视角、符号、电话、电报、收音机、电视或其他工具为媒介，所从事的交换信息的方法。

沟通既是一门科学，也是一门艺术。在经济发展的现代，沟通的重要性正日益显现。在一个群体中，要使每一群体成员能够在一个共同的目标下，协调一致地努力工作，就绝对离不开有效的沟通。

因此，不管是在公共场合，还是私人聚会，只要与人进行交往，你的着装打扮、言谈举止等外在形象就会展现在他人的眼里，并留下深刻的印象。可以说，一个人的外在形象的好坏，直接关系到他社交活动的成功与失败。

人脉，走向成功的助推器

沟通是友谊的桥梁

在每个群体中，它的成员要表达愿望、提出意见、交流思想；群体的领导者要了解下情、获得理解、发布命令，这些都需要有效的沟通。因此可以说，组织成员之间良好有效的沟通是组织效率的切实保证，而管理者与被管理者之间有效的沟通是任何管理艺术的精髓。

每个人都生活在群体之中，而人际关系就成了你与社会交往的一根纽带。在现代社会中，不善于人际沟通，便会失去许多合作的机会，而没有合作，单靠一个人或少部分人的努力，是不会取得成功的。

在沟通中，人们不仅传递消息，而且还表达愉快之情，或提出自己的意见观点。雄辩滔滔、口若悬河并不是沟通技巧的全部。除此之外，沟通技巧还有广阔的领域。人们经常使用非言语沟通方式如面部表情、语音语调等，来强化语言沟通的效果。

成功者都懂得人际沟通的技巧，成功者都非常珍视人际沟通的能力。美国石油大王洛克菲勒说："假若人际沟通的能力也是如同糖或咖啡一样的商品，我愿付出比太阳之下任何东西更高的代价购买这种能力。"由此可见人际沟通能力在他心目中的地位。

从表面来看，沟通是一件简单的事，每个人的确每天都在做，它像人们呼吸空气一样自然，但真正掌握沟通技巧的人却不是很多。

实践
让自己可持续发展

沟通是交际的艺术

随着社会的迅猛发展，人际间的交流也随之变得丰富多彩。这是一个要求人们广泛沟通的时代，上层领导要与下属部门沟通，老师要与学生沟通，夫妻之间要沟通，亲子之间要沟通……沟通可以

消除歧视、误会，也可以减少冲突、仇恨，还可以增加集体的决策效应，促进人际和谐与亲密。如果你是一位商人，那么你所面临的最大困难将是如何与人打交道。不过，即使你是一位会计，或者是一位家庭主妇、建筑师或工程师，情况也同样如此。

作为社会一员，一生可能会与各种人打交道，这就需要自行调整与人沟通的方法，融化人与人之间的隔阂，就需要掌握沟通的方法。虽然沟通是一门艺术，但是它也是有章可循的。

首先，在沟通中，要容忍别人的不同观点或意见。由于每个人生活经验不同，学识各异，与人交往沟通中，不管别人的观点或意见多么荒谬，自己要先听，并试着去容忍和接受。如果刚开始，你就对对方的意见或观点进行拒绝或批评，甚至加以斥责，沟通必然会出现"短路"。

第二，沟通中语意要明确，表达要清楚。无论自己的意见如何精彩，若想让别人领会，第一要求对方要"听"，第二就与自己的语意表达有关了。说话既是技术，也是艺术。当两人吵嘴后让第三人评理时，我们常听到吵嘴者"我刚才不是这个意思"，"当时你如果这么说我就不生气"等推托之词。所以，很多时候双方在沟通时由于语意不明，难免会发生争吵。

第三，在与别人讲话时要给予得体的反应。在人与人语言沟通时，要懂得用口语和肢体动作做出合适的反应，以引导对方更多地陈述。出现争端，不要使用讽刺或辱骂的话语。沟通要在彼此尊重的情况下才能进行，如果互相存在排斥、拒绝的心理，那就不可能沟通了，在出现争端时，切忌在口头或肢体语言上表现出侮辱、讽刺、蔑视的态度。沟通中的双方不管是谁的颜面受到伤害，都会影响沟通的效果。

第四，当自己的意见与对方出现冲突时，难免要发生争执，要切记，争论时要论事而不论人，彼此争论时，要针对此时此地的事做讨论，既不要重翻旧账，也不要把事情扩大化。

人脉，走向成功的助推器

　　第五，如果你是领导与别人讲话时最好伴有实际行动。想劝人改变其态度或做法，不要先给予批评指责，而应理解对方的感受，给予恰当的帮助指导，最好伴有实际行动。我们常在工作中听到"批评了老半天，到底有什么具体的意见可提出来"、"光是批评、指责，说不定自己也不懂"等抱怨。就是说，提意见的人没有做出榜样，没有相应的操作。如果在说话时不伴有实际的行动，就会使自己发表的意见不被接受，反而有时还会被误解，造成敌意，起不到沟通的效果。

3.让积极的倾听发挥作用

> 信言不美，美言不信。善者不辩，辩者不善。知者不博，博者不知。圣人不积，既以为人，己愈有；既以与人，己愈多。天之道，利而不害。圣人之道，为而不争。
>
> —— 老子

《沟通与交际》中有这样一句话：尽量去了解别人而不要用责骂的方式；尽量设身处地地去想，他们为什么要这样做。这比批评责怪要有益、有趣得多，而且让人心生同情、忍耐和仁慈。所以，倾听在交际与沟通中有着重要的作用。

倾听可以使他人感受到被尊重与被欣赏。根据人性的知识，大家都知道，人们往往对自己的事更感兴趣，对自己的问题更关注，更喜欢自我表现。一旦有人专心倾听我们谈论自己时，就会感到自己被重视。卡耐基曾说：专心听别人讲话的态度是我们所能给予别人的最大赞美。不管对朋友、亲人、上司、下属，倾听有同样的功效。倾听他人谈话的好处之一是，别人将以热情和感激来回报你的真诚。作为中学生，学会倾听在自己的成长中是一件非常有意义的事。

倾听，让你真实地了解你的朋友

荀子曾讲："听人以言，乐于钟鼓琴瑟。"歌德也说："认真

人脉，走向成功的助推器

对待别人的述说，这是一种教养。"可见，耐心倾听，反映了一个人的修养和素质，表明了对他人的理解和尊重，也体现了一种深入扎实的工作作风，能够帮助我们赢得信任、拉近感情，更好地摸实情、把"脉搏"，推动工作的开展，促进问题的解决，是一件不可小看的事。

倾听能真实地了解他人，增加沟通的效力。对于中学生来说，要建立坚定的友谊，首先要学会倾听。倾听使你更了解你的朋友的生活与学习中的麻烦、顾虑、障碍等。只有当你真实地了解他人时，才能与他人搭建友谊的桥梁。

很多人都喜欢自己说，而不喜欢听人家说，常常在没有完全了解别人的情况下，对别人盲目下判断，这样便造成人际沟通的障碍、困难，甚至冲突和矛盾。此外，倾听可以减除他人的压力，帮助他人理清思绪。

美国最有名望的前总统林肯有一个故事很能说明这个问题。美国南北战争曾经陷入一个困难的境地，身为美国总统的林肯，心中有来自多方面的压力。他把他的一位老朋友请到白宫，让他倾听自己的问题。林肯和这位老朋友谈了好几个小时，他谈到了发表一篇解放黑奴宣言是否可行的问题。林肯一一检讨这一行动的可行和不可行的理由，然后把一些信和报纸上的文章念出来。有些人怪他不解放黑奴，有些人则因为怕他解放黑奴而骂他。在谈了数小时后，林肯跟这位老朋友握握手，甚至没问他的看法，就把他送走了。这位朋友后来回忆说：当时林肯一个人说个不停，这似乎使他的心境清晰起来。他在说过许多话后，似乎觉得心情舒畅多了。

是的，当时遇到巨大麻烦的林肯，不是需要别人给他忠告，而只是需要一个友善的、具同情心的倾听者，以便减缓心理压力解脱苦闷。这就是我们碰到困难所需要的。心理学家已经证实：倾诉能减除心理压力。当人有了心理负担和问题的时候，能有一个合适的倾听者是最好的解脱办法之一。你帮了别人的忙，解除人家的困

境，当你需要的时候，别人就会随时感恩报德的。

倾听可以学习他人，使自己聪明，同时摆脱自我，成为一个谦虚的受人欢迎的人。每个人都有他的长处和特色，倾听将使一个人能取人之长，补己之短，同时防备别人的缺点错误在自己身上出现，这样便能使自己更加聪明。当你把注意力集中到倾听理解对方的时候，你便会很容易地摆脱掉人们比较讨厌的"自我"纠缠。这样你便成为一个倍受人欢迎的谦虚的人。

倾听是一种艺术

倾听是生活中的平常事，容易被大人忽视，但倾听是理解和交流的基础，是孩子的教养习惯是否健康成长的重要表现。

耐心倾听不插话是尊重他人的有教养行为。不少家长反映孩子有随便插话的现象，别人的话还没有说完，他就插话表达自己的意思，然后不再认真倾听；或者打断别人，滔滔不绝地只管自己讲话，不让别人把话说完；包括家长接打电话的时候，孩子不懂得等待，以至家长不能顺利完成接听电话这件事情……这些都是不尊重他人的表现。因为文明有效地交流不是"说话"而是"对话"。"说话"是单声道的，把自己想表达的内容组织起来，并传递给对方就可以了；但是"对话"是双声道的，要观察对方的反应和倾听对方的应答，然后组织和调整自己的语言，使双方能把交流持续下去。否则，一方只顾"说话"，却不注意"对话"，会让对方变得渐渐疲倦和难以忍耐。为了让孩子学会交流对话，就必须培养孩子耐心倾听的有教养行为。

倾听作为人格的魅力之一，倾听作为一种技巧，应该掌握哪些方法要领呢？拿破仑·希尔对此作出了回答：真心愿意听，并集中注意力；同时，倾听也要有耐心。等待或鼓励说话者把话说完，直到听懂全部意思。有些人语言表达可能会有些零散或混乱，假如你

有足够的耐心，任何人都可以把事情说清楚的。

要注意，在倾听别人的话时要避免某些不良的习惯。随便插话打岔、改变说话人的思路和话题、任意评论和表态，把话题拉到自己的事情上来、一心二用做其他事等等，这些都是常见的不良习惯，妨碍倾听。我们要回避一些不利倾听习惯的诱惑，方法是把注意力集中在听懂、理解对方所说的话上。

另外，在倾听别人说话时要适时进行鼓励和对别人表示理解。倾听一般以安静认真听为主，脸向着说话者，眼睛看着说话人的眼睛或手势以理解说话人的身体辅助语言。同时必须适时用简短的语言如"对"、"是的"等或点头微笑之类进行适时的鼓励，表示你的理解或共鸣。让说话人知道，你在认真地听，并且听懂了。如果某个意思没听懂，你可以要求说话人重复一遍或解释一下。这样说话人能顺利地把话说下去。

在倾听时，不要一直表示出一种表情，而要适时作出反馈。说话人的话告一段落，你可以作出一个听懂对方话的反馈。有时说话人会要求倾听人作出反馈，准确的反馈对说话人会有极大的鼓舞。比如："你刚才的意思我理解是……" "你的话是不是可以这样来概括……"等等。不准确的反馈却不利于倾听。

因此，如果你要别人同意你的观点，应遵循的规则是："使对方多多说话。"试着去了解别人，从他的观点来看待事情就能创造奇迹，使你得到友谊，减少摩擦和困难。

4.破坏人际关系的魔鬼——虚伪

> 君子疾夫舍曰欲之而必为之辞。
>
> —— 孔子

虚伪可以理解为虚情假意，伪装以欺人耳目骗取他人的信任。埃德蒙·伯克说过：虚伪喜欢躲藏在最高尚的思考之中。它从来企图脱离思考，因为思考能使它不费吹灰之力就获得高尚的美名。富兰克林也说过：在这个世界上的众多事务中，人们所以得到拯救，并非由于忠诚，而是由于缺乏忠诚。泰戈尔说过：虚伪永远不能凭借它生长在权力中而变成真实。

从某种意义上说：虚伪是一种心理特征，心里明明希望这样子但是语言上或行为上却恰恰相反。虚伪的目的是不愿被人知道自己内心真正的想法，或者是对别人的反应所做的试探。其出发点往往是为了保护自己，修饰自己的外在表现。这种表现在当今的中学生中很常见，也是影响中学生交往的主要障碍。

在当今 21 世纪，中学生的虚伪心理已开始普遍泛滥、传播。怀有虚伪心理的学生，他们不会把自己的虚伪展示于众人面前，他们把自己伪装得真诚而无心机。人偶尔虚伪一下没关系，也符合人的本性，但如果虚伪成性，那么这个人的人品就值得怀疑了。

俄罗斯有句话叫：蚜虫吃青草，锈吃铁，虚伪吃灵魂。英国也有句话叫：虚伪鼓动我们把自己的罪恶用美德的外衣掩盖起来，企图避免别人的责难。虚伪是一种灾难，不仅会害人，而且还会害己。虚伪是人际交往中的大忌，是破坏人际关系的魔鬼。

虚伪不仅害己也害人

虚伪的真诚，比魔鬼还可怕。中学生之所以会产生虚伪的心理，是因为他们过于好强，碍于面子。比如，为了证明自己比人强，就是没有把握的事情，他们也会选择去做，或是碍于面子，而不好拒绝某人所请求的事情。

另外，他们之所以虚伪是因为他们还处于心理与身体的成长与发育期，各方面还不成熟，好攀比，追求享乐所造成的。比如：A同学看到B同学的鞋子是某品牌，为了在气势上不输给他，就说："算了吧，我要是想要，我爸爸、妈妈肯定会给我买的。拿上个星期来说吧，我和妈妈一起出去逛街，妈妈看到一套特别漂亮的衣服，问也不问价钱就非要给我买，要不是我拦着我早就穿在身上了，还轮不到你在这里炫耀你那双鞋子，那套衣服不知道比你这双鞋子要贵多少倍呢？我之所以不想要是因为觉得我爸爸、妈妈挣钱不容易，而且老师也说了要以勤俭为德。"

当今造成中学生虚伪的心理也与不当的家教有关。在家庭生活中，父母总是把自己认为最好的给孩子，不管他们是否喜欢，是否愿意接受。如果孩子不愿意接受，他们就用一大堆道理进行轰炸，直到孩子听话。但是，有的孩子为了图个省心和省力，也避免父母的轰炸，就开始了他们的"虚伪"计划。

虚伪之人往往都是自身的心理问题在作祟，他们常常把自己真实的一面掩藏起来，露出本不属于他们的一面。这样的人心理压力大，因为他们总是扮演着不同的角色，不单自己累，他们身边的人

也很累。诸如：受批评或者是写检讨了，他们心里很不舒服，但是嘴上却是"深受教诲"之类的话。对于某人本来看不惯，觉得他是个平庸、无能之人，嘴上却是什么"聪明才智、人品高尚"之类的话。对于要做的某些事，本来心里很不乐意却又装出很愿意去做的样子。凡此种种，不能尽述。

虚伪语言害处多

俗话说：针孔的伤口虽然小，但是毒性大；虚伪的语言虽然婉转，但是害处多。宁愿听痛苦的实话，也不要靠假话求开脱。格拉宁也说过：虚伪不可能创造任何东西，因为虚伪本身什么也不是。虚伪就是表里不一、口是心非、口蜜腹剑、笑里藏刀，虚伪就是违心的恭维。

要改变虚伪的习惯就要先改变自己，中学生应该认识到，虚伪是人性丑陋的一面。在与朋友相处时，如果口是心非，是很难得到朋友的信任的，也就交不到真正的友谊。另外，对自己也危害极大，例如，在课堂上老师问同学们："是否理解了今天所讲的内容？"你看到所有的同学都举起了手表示已经完全理解，但是唯独自己没有理解，但为了隐藏自己的愚笨，同其他同学一起举起了手，假装也理解。这种口是心非的做法对自己是很有害的。

既然，虚伪是人性丑陋的一面，所以个人应该改变，不要试图去改变别人，只要自己不虚伪并能为人着想，多忍耐就可以了，这样生活地会更快乐。

世界上没有人愿意与虚伪的人相处。假如你正在以虚伪对待你的朋友，那么，从现在开始就要使自己真诚待人。面对带有虚伪心理的中学生，最主要的是消除他们内心的芥蒂心理，让他们在外人面前没有心理负担，不必戴着面具生活，还他们本来的内

人脉，走向成功的助推器

心真象。

　　此外，要改变自己的虚伪的性格，就首先从改善自己身边的环境开始。要想真正纠正中学生中的虚伪之风，必须对现实的社会风气进行系统研究，针对造成这一问题的社会制度、思想根源，采取切实有效的措施改善社会风气，使之成为青少年心灵成长的适宜土壤。

5.人际交往的润滑剂——赞美

> 仅凭一句赞扬我就能很好地活两个月。
>
> —— 马克·吐温

威廉·詹姆斯说过：真正的文化以同情和赞美为生，而不是以憎厌和轻蔑为生。让·罗斯唐也说：我们拼命赞扬别人身上某些我们明显并不存在的品格，条件是别人对我们坚信自己具备的种种美德报以同样的赞美。可见赞美在人际关系中的重要性。

赞美别人，好像用一支火照亮别人的生活，也照亮自己的心田，有助于发扬被赞美者的美德和推动彼此友谊的健康发展，还可以消除人际间的龃龉和怨恨，让人与人之间的相处变得更为融洽和谐。

赞美别人，对一些人来说，有时是一种应酬、一种需要，有时其实是赞美自己。

用赞扬他人的方式与别人交往，就好像牙医用麻醉剂一样，病人要受钻牙之苦，但麻醉后却能消除疼痛，要想改变一个人而不伤感情，不引起憎恨的话，应该学会从称赞和满足对方入手。

柯勒律治说过：渴望受人赞美和钦佩，这是一种无爱的激情，它在那些最不了解和最不关心我们的人面前表现得最为强烈。也许很多人不会轻易赞美别人，但对那些意气相投的人，对值得自己钦佩的人，或者相逢并不相识的人，如果对他们的赞美是情不自禁

人脉，走向成功的助推器

的，那么，自己同时也将感到无比愉快。因为赞美不是谄媚与逢迎，赞美别人也不是人云亦云。

赞美是一种智慧

狄德罗说：德行是人人都赞美的，因为好人和恶人都可以从中得到对自己有利的东西。人人都喜欢别人的恭维、赞美。但是，学会赞美并不是让你学着阿谀奉承。

有这样一个故事，古时候有两个人，一个叫祝子园，一个叫唐凌，他二人将到京城任官，临行前，到老师家中辞别。老师嘱咐他们道："以现在的时局走正道是行不通的，你们去京城做官，对上应恭谨，这叫送高帽子，能如此，不仅不会得罪人，还容易把任何事情办好。"唐凌赞叹地说："老师的话实在太好了，今天像老师这样不喜欢高帽子的有几人呢？"老师听完后十分高兴。回程中，唐凌就对子园说："你看！高帽子又送出去一顶了。"

其实，赞美最重要的是要出于真诚、自然。赞美不该是应酬，更不是虚晃一枪。适度给人赞美，有时可以影响别人一生。赞美的力量，鼓励的火花，甚至能让人的生命有奇迹般的改变。

放牛的学生变成化学家需要赞美；羞涩的学生成为受人喜爱的学者需要赞美；孩子将来有大的成就需要父母的赞美……人生缺少了赞美，就缺少了前进的动力。

赞美别人并不是轻而易举的事，从某种意义上说，赞美别人是一种艺术。所谓的"拍马屁"、"阿谀"、"谄媚"，都是技艺拙劣的高帽工厂加工的伪劣产品，因为它们不符合赞美和恭维的标准。

赞美尽管好说，可是尺寸也得合乎规格才行，滥说过重的赞美之词是不明智的。赞扬招致荣誉心，荣誉心产生满足感，但人们发现你言过其实时，常常因此感到他们受到了愚弄。所以宁肯不去恭维，也不宜夸大无边。

实践 让自己可持续发展

此外，赞美中不要过分用粗浅的溢美之词，因为过分用这些词会毁坏了你的名声和品味。不论用传统交际的眼光看，还是用现代交际的眼光看，阿谀谄媚都是一种卑鄙的行为。正人君子鄙弃它，小人之辈也不便明火执仗应用它，即使被人号称的"拍马行家"或"马屁精"，也会对这种行为嗤之以鼻。所以，赞美是生活的艺术，聪明的人会借此招来幸运，而愚蠢的人会招致鄙视。

赞美是最美的语言

泰戈尔说：赞美令我羞惭，因为我暗自乞求得到它。塞·约翰逊说：私德所能接受的最高的颂扬就是仆人的赞美。

佛门里有句话说：若要佛法兴，除非僧赞僧。星云大师说：赞美如阳光，可以把温暖散播十方；赞美的语言，像香水，小小一滴，就能弥漫四周。赞美别人是一种见贤思齐，赞美别人是激励自己，赞美是世间最美丽的语言、是人际间最佳的润滑剂。世间最经济的礼物就是赞美。多赞美别人、欣赏别人，社会自然祥和。能用宽广的心胸去赞美别人，那么人生会更美丽，生活也会更快乐。

"永远尊崇并奖励他人"，这是一条处世待人必须遵守的规则；如果你能这样去做，你必可以因获得许多的知心朋友而心中十分愉快。所以我们要懂得诚意的赞美实在是十分重要的。

虽然赞美是一件好事，但绝不是一件易事。赞美别人时如不能审时度势，不掌握一定的赞美技巧，即使你是真诚的，也会变好事为坏事。因此，在开口前我们一定要三思而后行。

对于一个人的缺点，我们通常会很容易发现。相反，如果善于发现别人的优点，据此说出的赞美必将充满说服力，并且可以知道对方从事哪些工作，能更有效地发挥能力。有时，这些优点连他本人都没有注意到，而你能够发现并对此加以赞美，他们能不高兴吗？利用这种方法去了解对方，你的人际关系也一定能更融洽。

人脉，走向成功的助推器

　　赞美人是不限资格的，你不必一定要做了具有某种身份的事再去赞美人。这种含有魔力的技巧，任何人都可随时应用。

　　要恰如其分地赞美别人是件很不容易的事。如果称赞不得法，反而会遭到排斥。为了让对方坦然说出心里话，必须尽早发现对方引以自豪、喜欢被人称赞的地方，然后对此大加赞美，也就是要赞美对方引以为自豪的地方。在尚未确定对方最引以自豪之处前，最好不要胡乱称赞，以免自讨没趣。试想，一位原本已经为身材消瘦而苦恼的女性，听到别人赞美她苗条、纤细，又怎么会感到由衷的高兴呢？

6.换位思考让你人际关系更上一层楼

> 己所不欲，勿施于人。
>
> —— 孔子

"己所不欲，勿施于人"的名言是两千多年前孔子的话。它的意思就是说，与别人交往时，要站在对方的立场上设身处地为他人着想，不能只顾自己。同时，也要学会同情他人的不幸和困难，不做只图自己快乐而给别人带来痛苦的事情。

它的深刻含义就是用自己的心推及别人；自己希望怎样生活，就想到别人也会希望怎样生活；自己不愿意别人怎样对待自己，就不要那样对待别人；自己希望在社会上能站得住，能通达，也要帮助别人能站得住，能通达。总之，要从自己的内心出发，推及他人，去理解他人，对待他人。

两千多年前中国的大圣人就提出了人际交往中，换位思考的实质，就是设身处地地为他人着想，即想人所想，理解至上。人与人之间少不了谅解，谅解是理解的一个方面，也是一种宽容。我们都有被"冒犯"、"误解"的时候，如果对此耿耿于怀，心中就会有解不开的"疙瘩"；如果我们能深入体察对方的内心世界，或许能达成谅解。一般说来，只要不涉及原则性问题，都是可以谅解的。谅解是一种爱护，一种体贴，一种宽容，一种理解！

人脉，走向成功的助推器

换位思考是一种宽容

马克思讲："人是最合群的动物。"人只有在人群中才能生存，失去了人群你就面临着死亡。只要你生活在人群中，就要与形形色色的人打交道。

让人行动之前，给他一个理由。站在对方的角度考虑，寻找真正能够打动对方的东西。

换位思考，就是指一方做出涉及另一方的决策时，不但考虑到己方的情况，而且还能站在对方的立场上思考问题。换位思考的实质，其实就是设身处地地为他人着想，即想人所想，理解至上；换位思考是人对人的一种心理体验过程，将心比心、设身处地地站在对方的立场上体验和思考问题，从而与对方在情感上得到沟通，为增进理解奠定基础。

妻子正在厨房炒菜。丈夫在她旁边一直唠叨不停："慢些。小心！火太大了。赶快把鱼翻过来。快铲起来，油放太多了！把豆腐整平一下！""哎，"妻子脱口而出，"我懂得怎样炒菜。""你当然懂，太太，"丈夫平静地答道："我只是要让你知道，我在开车时，你在旁边喋喋不休，我的感觉如何。"

有这样一则寓言，一位少年拜访一位智者："怎样使自己快乐，也让别人快乐呢?"智者说："把自己当作别人，把别人当作自己，把别人当作别人，把自己当作自己。"智者的意思就是说：人要懂得换位思考。

不懂得换位思考的人，在日常生活中大有人在。老师在抱怨着学生不好教，无视学校规章制度的时候，是否也应该想一想，如果自己正处在学生时代是不是也希望得到相对的轻松与自由呢?

当富人嘲笑着穷人的懒惰、不思进取和愚笨时，也应该理解贫穷不是穷人的意愿，它有着多方面的深层次的原因；而穷人极端地

实践

让自己可持续发展

仇视富人的为富不仁时，也应该理解富人也不会遇到天上掉馅饼的好事的，也是富人付出汗水得来的。

当你学会换位思考的时候，就会在遇到问题时多站在别人的角度看问题，设身处地地为别人着想，然而只有我们做到这些的时候，我们才能够更多的理解别人，宽容别人。

贝尔奈说过：不会宽容人的人，是不配受到别人的宽容的。宽容是人类的一种美德，但是怎样才能够做到真正地去宽容别人呢？有一个很重要的方法就是要学会换位思考。

学会换位思考，以一颗平常心去面对生命中的一切变化，你便会有意外的收获。古人云："君子坦荡荡，小人常戚戚"，其实只要自己心胸开阔一点，襟怀坦荡一点，就会觉得海阔天高，人自然也就开朗乐观了。

换位思考是一种关爱

换位思考是人对人的一种心理体验过程。将心比心，设身处地，是达成理解不可缺少的心理机制。它客观上要求我们将自己的内心世界，如情感体验、思维方式等与对方联系起来，站在对方的立场上体验和思考问题，从而与对方在情感上得到沟通，为增进理解奠定基础，它既是一种理解，也是一种关爱！

有一个小姑娘种了一盆长了花骨朵儿的仙人球，她很想早点知道这花是什么样子的，于是每天早上都给它浇水，有时还偷偷把自己的牛奶也倒给它"喝"。可是，花骨朵儿不仅没有张开笑脸，连原本水灵灵的仙人球也变得黄黄的了。一天早上，当小姑娘再去浇花时，发现仙人球的底部已经开始烂了。

上面的事例中，那位小姑娘的出发点是好的，可是却事与愿违，究其主要原因就是她没有理解仙人球的真正需求，将自己的意志强加给仙人球，结果适得其反。在人际交往中，能做到很好地理

人脉，走向成功的助推器

解别人，是非常重要的。要做到理解别人，就要学会站在对方的角度想问题，这样我们的人际关系就会向着一个良性的方向发展，互相很好地沟通。

换位思考看似是一个非常简单的道理，然而在实际生活中却很难做到这一点。很多人会认为别人总是不理解自己，不体谅自己，而自己呢，却也很少想到或者真正做到全面去理解别人，总是犯只知道一面锣不知道两面鼓的低级错误。

在工作中，要学会换位思考。当受到领导的批评时，不妨反思一下自己工作中的不足、标准上的差距，以他人之言为参照虚心改进，工作就会变得得心应手、游刃有余。当与同事发生矛盾时，化干戈为玉帛，重建良好的友谊。在生活中学会换位思考，当遭遇挫折时，化消极为希望，阳光就会向你微笑。

学会换位思考，不是让你妄自菲薄，不是让你不相信自己的能力，而是让你对自己有一个正确客观的认识；学会换位思考，学会从消极中寻找积极的一面，让自己的心情快乐起来；学会换位思考，在你与其他人的相处中，你会发现别人有很多优点，同时你也会包容别人更多缺点。

7.打破人际关系的僵局——幽默

> 幽默是生活波涛中的救生圈。
>
> —— 拉布

在生活中，你一定喜欢和幽默的人在一起，因为无论走到哪里，只要有幽默的人在，绝对不会冷场，幽默在人际交往中的作用是不可低估的。美国一位心理学家说过："幽默是一种最有趣、最有感染力、最具有普遍意义的传递艺术。"

你不曾发现吗？幽默是一种特性，一种引发喜悦，以愉快的方式娱人的特性；幽默感是一种能力，一种了解幽默并能表达幽默的能力；幽默是一种艺术，一种运用幽默和幽默感来增进你与他人关系，并使你善于对自己作出真诚的评价的一种艺术。在今天这个社会中，每个人都愿意和幽默的人交朋友。在人们的生活中，需要幽默的存在，可以说如同鱼需要水，树木需要阳光一样。具有幽默感和幽默力量，是每个人应具备的素质之一，也是青少年应具备的一种为人处世的能力。

幽默，生活中的彩虹

幽默，是缓解人际紧张的安全阀，可有效地缓解紧张空气，缩短彼此间的距离，使人们从容地摆脱人际交往中的困境。幽默是健

人脉，走向成功的助推器

康生活的调味品，可使我们将内心的紧张和重压释放出来，提高抗压能力，健康身心。

幽默的语言，能使社交气氛轻松、融洽，利于交流。人们常有这样的体会，疲劳的旅途上，焦急的等待中，一句幽默话，一个风趣故事，能使人笑逐颜开，疲劳顿消。大家都知道这样的情况，在公共汽车上，因拥挤而争吵之事屡有发生，任凭车长怎么喊都无济于事。这时，忽然，人群中一个小伙子嚷道："别挤了，再挤我就变成相片啦。"听到这句话，车厢里立刻爆发出一阵欢乐的笑声，人们马上便把烦恼与气愤抛到了九霄云外。此时，是幽默调解了紧张的人际关系，给大家带来笑声。

还有一个发生在公交车上的故事：由于急刹车，一位老人撞在前面一个姑娘身上。还没等老人开口，这个姑娘就很不满意地用地方言说了一声："德性！"眼看一场暴风雨即将来临，这位老人——大学物理系教授不急不恼地说："不是德性，是惯性。"车箱里所有的乘客都忍不住大笑了起来，一场将要发生的口角就在老教授的一句幽默的话语里冰释。

其实，在日常生活中像这样的小事情举不胜举，可有时一些事故的发生就是因为这些不起眼的小事情。这个时候，唯一打破这种僵局的办法就是开动你的脑筋，运用幽默的艺术，很可能就会化解一场重大的事故。

从某种场合来说，幽默是缓解紧张局面的灵丹妙药，是随机应变的有力武器。但幽默并不是低级趣味，幽默追求的境界是哲学的飘逸与思想的简朴。使用愚蠢的、低俗的、笨拙的、肤浅的、油滑的、尖刻的言语不是幽默；油腔滑调地耍滑头、出洋相，不是幽默。幽默产生的笑是含有严肃内容的笑，幽默的语言要具有高雅的风趣。

俗话说熟能生巧，使用语言也一样，尤其是在玩笑之间，人们说话常会用"巧"。如说："我一人吃饱，全家不饿"，一听就明白

实践 让自己可持续发展

说的是：过独身生活。记得作家马克·吐温说过："戒烟最容易了，我就戒过二百多次。"但人们一听就会明白，他说的是老也戒不掉！这种说法意思明白，又很滑稽，显然都是创造性的语言，自然是出于智慧的，这就是幽默。

幽默，生活中的智慧

幽默，是一种健康的品质，也是当今人们应该具备的素质。那么，应当怎样培养自己谈吐幽默的能力呢？首先，要有渊博的知识和宽阔的胸怀，对生活充满信心与热情。其次，要有高尚的情趣、丰富的想象、开朗乐观的性格，才能成为幽默风趣、自然洒脱的人。因为幽默的语言是自然而然的流露，并不是想破了脑袋才蹦出来的一句话。

幽默的运用要服从于思想、情感的表达。仅以俏皮话、耍贫嘴、恶作剧来填补幽默的不足，换取廉价的笑，是浅薄的。幽默是日常语言的巧妙组合，以深入浅出见功力，正如清人李渔所说："妙在水到渠成，无机自露，我本无心说笑话，谁知笑话逼人来。"一语道出了幽默的"玄机"。

伟大的哲人苏格拉底就是一个很懂得幽默的人，他的妻子脾气非常的暴躁，而且常常不分场合不给苏格拉底面子。一天，苏格拉底正在与学生讨论美术问题，忽然，妻子跑进来，对着苏格拉底破口大骂，声震课堂。继而，她拿着一桶水向苏格拉底泼去，苏格拉底被淋得全身透湿。当他的学生们感到这个场面十分尴尬之时，苏格拉底却笑了，他幽默地说："瞧！我早知道打雷之后定有暴雨，这不，我成了落汤鸡了。"一句话说的大家都被逗笑了。

从这个小故事里可以看出，幽默不仅反映出一个人随和的个性，还显示了一个人的聪明、智慧以及随机应变的能力。但需要注意的是，幽默既不是毫无意义的插科打诨，也不是没有分寸的卖关

人脉，走向成功的助推器

子、耍嘴皮。幽默要在入情入理之中，引人发笑，给人启迪，这需要一定的素质和修养。

在与人打交道的时候，幽默是润滑剂，能使僵滞的人际关系活跃起来；幽默是缓冲装置，可使一触即发的紧张局势顷刻间化为祥和；幽默是一枚包裹了棉花团的针，带着温柔的嘲讽，却不伤人。幽默是创造力的表现，使用幽默需要智慧，要有广博的知识，明锐的洞察力，丰富的想象力，以及优雅的风度和镇定自信、乐观轻松的情绪。

青少年在人际交往中，有时难免会处于尴尬难堪的气氛中。这时幽默的言语便能摆脱困境，使气氛变得轻松、和缓。幽默感并非天生，它也是有法可循的，掌握了以下三个法则，你也能轻松地说出令人倍感幽默的语言。

第一，要保持快乐的心态。一个好的心态是产生幽默感的前提。忧郁、烦闷、焦虑、愤怒是与幽默感无缘的。

第二，要时时处处有审美感。你只有进入了审美的角色，才能挖掘生活中的喜剧因素。

第三，要运用艺术手法表达。比喻、双关、夸张、对照、谐音等手法，往往能产生委婉曲折、含蓄蕴藉的美感效应。

青少年朋友要明白，在人际交往中，机智风趣、谈吐幽默的人往往拥有更多的朋友。大多数人不愿同动辄与人争吵，或者与郁郁寡欢、言语乏味的人交往。幽默可以说是一种润滑剂，它使烦恼变为欢畅，使痛苦变成愉快，将尴尬转为融洽。所以，让自己成为一个喜欢幽默的人，让自己变成一个懂得幽默的人，让自己也能说出幽默的话，这样，你的生活一定是充满快乐与幸福的。

实践 让自己可持续发展

8.尊重他人，才能得到尊重

> 尊重别人，才能让人尊敬。
>
> —— 笛卡尔

    尊重他人是文明的起点，青少年朋友应该知道我们的祖国是一个具有悠久历史的文明古国。作为一个中国人，作为一名中学生，你首先应该做到讲文明，懂礼貌。而尊重他人便是做人的基本美德，一切不文明的行为都是不尊重他人的表现。将心比心，凡事要替他人多想，每个人都有自尊，只有去尊重别人，才会赢得别人的尊重。人活在世上，必须和别人交往，与人交往对我们的生活有着重要意义。在交往的过程中，尊重他人是一种最基本的礼貌。

    在现代社会中，尊重别人是为人处世的基本原则。尊重他人是指在礼仪行为实施的过程中，要体现出对他人真诚的尊重，而不能藐视别人。礼仪本身从内容到形式都是尊重他人的具体体现。在交往中，任何不尊重他人的言行，都会引来别人的反感，更不会赢得别人对自己的尊重。所以，要想得到他人的尊重，尊重他人是前提。

尊重，道德的表现

    尊重是一滴水，一滴干渴时的甘露；尊重是一朵花，一朵开在心间的花；尊重是一条路，一条通往美好的路；尊重是一团火，一

人脉，走向成功的助推器

团温暖你我的火。尊重是一缕春风，一泓清泉，一颗给人温暖的舒心丸，一剂催人奋进的强心针。它常常与真诚、谦逊、宽容、赞赏、善良、友爱相得益彰，与虚伪、狂妄、苛刻、嘲讽、凶恶、势利水火不容。给成功的人以尊重，表明自己对他的敬佩、赞美与追求，以他为榜样；给失败的人以尊重，表明自己对他的鼓励、认同与祝福，他会以你为榜样。

人与人之间的沟通与交流，都应建立在真诚与尊重的基础上。人惟有尊重他人，才能尊重自己，才能赢得他人对自己的尊重。尊重他人不仅仅是一种态度，也是一种能力和美德，它需要设身处地地为他人着想，给别人面子，维护他人的尊严。

一个纽约商人看到一个衣衫褴褛的铅笔推销员在地铁站卖铅笔，出于怜悯，他塞给那个人一元钱，不一会儿他返回来又取了几支铅笔并抱歉地解释自己忘取笔了。然后又说："你跟我都是商人，你也有东西要卖。"几个月后，他们再次相遇，那卖笔的人已成为推销商，他充满感激地对纽约商人说："谢谢您，您给了我自尊，是您告诉我，我是个商人。"

这个故事告诉我们，尊重别人是崇高道德的表现。在生活中，每个人都有能力给需要帮助的人一些力所能及的帮助，可是，在帮助他人的同时，考虑到他人的自尊却不是每个人都能做得到的。从这一点来说，那么纽约商人的做法的确让人敬佩，因为他很懂得去尊重别人。尊重别人不仅可以使自己的心灵受到深深的震撼，更可以使他人拥有自尊和自信。纽约商人的几句话就让铅笔推销员从乞丐的自卑中解脱出来，自信地踏上经商之路。可见，尊重的力量是无穷大的，它可以让失望的人们看到光明，让自卑的人们找到自信，甚至可以改变一个人的一生。

每个人在这个世上，都不可能做到尽善尽美，完美无缺，所以，你没有理由以高山仰视的目光去审视别人，也没有资格用不屑一顾的神情去嘲笑他人。假如别人某些方面不如自己，不要用傲慢

和不敬的话去伤害别人的自尊；假如自己某些方面不如别人，也不必以自卑或嫉妒去代替应有的尊重。一个懂得用心去尊重别人的人，一定会受到他人的尊重。

尊重，心灵的碰撞

一个不懂得尊重他人的人，绝不会得到别人的尊重。就如一个人对着空旷的大山大声呼喊，你对它发泄不满，它也对你不满；你对它友好，它友好回应。在人与人之间的交往中，自己待人、处世的态度往往决定了别人对你的态度。这一点，青少年尤其要懂得。

有人曾这样说过：知惧怕，就是对法规的尊重，就是信服法规的威严；知羞耻，就是对道义的尊重，就是坚守道德的底线；知艰辛，就是对劳动、对师长的尊重，就是找到了学习的动力、勤奋的理由。从某种意义上来讲，一个从内心懂得去尊重他人的人，或者一个致力于要学会去尊重他人的人，无疑，他的人生一定是一个圆满的成功的人生！

尊重是什么呢？尊重就像一个善解人意的小姑娘，她透明的微笑叫理解，她淳朴的心灵叫高尚；尊重又像一位德高望重的学者，饱含待人处世的智慧，尽显人格操守的高贵！

萧伯纳——英国著名的戏剧家、诺贝尔文学奖获得者。有一次，他在苏联访问，在莫斯科街头散步时遇到一个非常可爱的小女孩。萧伯纳在那里和小女孩玩了很久、很开心，在分手的时候，他对小女孩说："回去告诉你的妈妈，你今天和伟大的萧伯纳一起玩了。"小女孩儿也学着大人的口气说："回去告诉你的妈妈，你今天和苏联女孩儿安妮娜一起玩了。"这句话让萧伯纳很是吃惊，他立刻意识到自己的傲慢，并连忙向小女孩儿道歉。

一直到后来，每每萧伯纳回想起这件事，都感慨万千。他说："一个人无论有多么大的成就，对任何人都应该平等相待，应该永

远谦虚。"这是一个人懂得尊重他人的谦虚，也是得到他人尊重的前提。

尊重是一种发自内心的对生命的热爱，尊重你周围的一切，就是对自己的尊重。现在，你该明白尊重是什么了吧。当你跋涉在崎岖的山路上，朋友鼓励的目光推动着你，那是尊重；当你遭遇到人生的挫折，老师温暖的双手紧握着你，那是尊重；当你拾起马路上的垃圾，路人赞许的微笑感染着你，那是尊重；当你懊悔曾经的过失，父母的宽厚与理解包容着你，那是尊重！生活中，到处都充满了尊重，用心去发现，用心去尊重，你一定会收获一个最美丽的生活！

9.宽容，让你更有魅力

世界上最宽阔的是海洋，比海洋更宽阔的是天空，比天空更宽阔的是人的胸怀。

—— 雨果

"宰相肚里能撑船，将军额头能跑马"，这两句话是对有宽大胸襟的人们的赞美。古往今来，生活中有不少这样胸怀宽广的人。宽容是荆棘丛中长出来的一抹最高雅的淡红，你对别人宽容一点，其实就是给自己留下一片海阔天空。然而，血气方刚的青少年，往往爱意气用事，同学之间不经意的一句话或是一个动作，都能让他们在心里"怀恨"几天。不懂得宽容他人，对他们以后的成长是十分不利的，要明白，不会宽容别人的人，同时也是一个不配受到别人宽容的人。因此，青少年朋友都应该放宽自己的胸怀，宽容别人的过错，宽容不仅嘉惠了别人，还提升了自己，何乐而不为呢？

宽容，仇恨之敌

《荀子·非相》中说：君子贤而能容罢，知而能容愚，博而能容浅，粹而能容杂。这是在告诉人们：君子贤能而能容纳无能的人，聪明而能容纳愚昧的人，知识渊博而能容纳孤陋寡闻的人，道德纯洁而能容纳品行驳杂的人。宽容往往是成大事者的必备品质。

人脉，走向成功的助推器

　　"宽容"一词源于《荀子·非十二子》："遇贱而少者，则修告导宽容之义。"意为宽恕能容人。因为宽容，许多烦恼琐事，便会不战自败，便会自动地烟消云散，退一万步说，亦伤不了你自己。

　　在古希腊神话中，有一位力大无穷的英雄叫海格力斯。一天，他在山路上行走时，发现路中间有一个像袋子的东西很碍脚，于是，他便踢了一脚。谁知那个东西不但没有被踢走，反而膨胀了起来。这时候，他有点生气了，于是又踢了一脚，结果这个东西又膨胀了一些。看到这样的情形，海格力斯恼羞成怒，拿起身边的一根木棍朝那个东西狠砸起来，那东西竟然随着他的击打越来越大，最后竟把路给堵死了。

　　一位圣人路过此地，连忙对海格力斯说："朋友，快别动它，忽略它，离开它远去吧！它叫仇恨袋，你不犯它，它便小如当初，你的心里老记着它，侵犯它，它就会膨胀起来，挡住你前进的路，与你敌对到底！"正如圣人所言，仇恨正如海格力斯所遇到的那个袋子，开始很小，如果你忽略它，它就会自行消亡；如果你老是想着它，它就会在你心里不断膨胀。

　　人的心中一旦充满了仇恨，就再也装不下其他东西了。在这种状态下，人最容易失去理智，在仇恨的指引下，往往会做出一些让自己后悔甚至是葬送自己前程的事。生活中，人与人之间难免会有碰撞、摩擦，只是看你如何去处理。很多青少年在家里都是小皇帝、小公主，在这种环境的影响下，他容易养成"得理不饶人"、"小心眼"、"嫉妒心强"等不良心理。常为一点小事争得脸红脖子粗，自己做错事，不着重检查自己，而是一味地找别人的不是，这样做的后果，无非是让自己受困于内心的不平衡当中，为此生气，激怒……其实，生活中本无太多事，不过是庸人自扰罢了，退一步海阔天空，只要学会宽容，就可以少一些不必要的烦恼与忧愁。

　　宽容是人和人之间必不可少的润滑剂。它和诚实、勤奋、乐观等价值指标一样，是衡量一个人气质涵养、道德水准的尺度。宽容别人是对对方的一种尊重、一种接受、一种爱心，有时候宽容更是一种力量。宽容不是天平一端的砝码，不停地忙碌，以维持着不断的平衡，而是人世间永恒的爱与包容。投之以木桃，报之以琼瑶，把宽容插在水瓶中，她便绽出新绿；播种在泥土中，她便长出春芽。

宽容别人，就是饶恕自己

　　人们对宽容自己很容易做到，但是，要做到宽容别人就不那么容易了。宽容是一种高尚的美，而懂得宽容别人的人才是最可爱的人。要原谅别人，因为许多人自己并不知道做了什么，他们的错误是在不自觉中犯的。当你对别人"宽大"之时，即是对你自己宽大。人们在教训别人时，往往疏忽了自己也可能和这人犯同样的错误。所以，哲人说：人类尽管有这样那样的缺点，我们仍然要原谅他们，因为他们就是我们。

　　清朝康熙年间，桐城人张英官至文华殿大学士兼礼部尚书。邻居是桐城另一大户叶府，主人是张英同朝供职的叶侍郎，两家因院墙发生纠纷。张老夫人修书给张英，张英见信深感忧虑，回复老夫人："千里家书只为墙，让人三尺又何妨？万里长城今犹在，不见当年秦始皇。"于是，张老夫人令家丁后退三尺筑墙。叶府很受感动，命家人也把院墙后移三尺。从此，张、叶两府消除隔阂，成通家之谊。

　　假如生活中，你受到了不公正待遇或自己身边的人做错了什么，千万不要生气愤怒，而应学会宽容。生气愤怒是人类最坏的毛病之一，它是用别人的过错惩罚自己，于己于人无益，是无能的表现。学会宽容别人，就是学会善待自己。怨恨只能永远让我们的心

人脉，走向成功的助推器

灵生活在黑暗之中；而宽容，却能让我们的心灵获得自由，获得解放。

当一只脚踏在百合花的花瓣上时，百合却将香味留在了那只脚上，这就是宽容。一个精神病人闯进了一位医生家里，杀死了他三个花样年华的女儿，但这个医生却仍为那个精神病人治好了病。这也是宽容，一种至高无上的宽容。

人如果选择了计较，那么他将在黑暗中度过余生；而一个人选择了宽容的话，那么他能将阳光洒向大地。古语说："知错就改，善莫大焉。"既然如此，面对一个人在无意中犯下的错误，你为何不能宽容一下呢？当你的心灵为自己选择了宽容的时候，便获得了应有的自由。

宽容是一种比较文明的责罚，有权力责罚，却没有责罚；有能力报复，却不去报复，这就是一种宽容，也是一种与他人沟通的法宝。宽容待人，以德感化人，即便是敌人也就自然与你拉近了距离，成为你可以依靠的人。

当你在放下包袱的时候，无论面对朋友还是仇人，你都会报以甜美的微笑。宽容可以交友，当你可以以豁达光明的心去宽容别人的错误时，你的朋友自然也就多了。让生活中多一分宽容，生活会更轻松愉快，明天会更好。

实践
让自己可持续发展